schüt es an den Rauchfang u. läßt es mit dünsten

15. Stockfisch in der Soß.

Mache eine gute Butter hinbrenn, mit Limoni-
schalln, Petersil u. Zwiebel u. wenig Majoran gib
es mit halbe ... auf Salz u. Muskatblüh u. lass
es gut verkochen, dann gib den gut den gewässer-
ten Stockfisch in eine Rein, gußirt die Soß
drüber lasst es noch ein wenig kochen, so richte an

16 Hechten gut zu braten.

Nim einen schönen Hechten, ziehe die Haut ab
und spicke ihn, mit länglich geschnittenen Sardel
u. Limonischalln gib ein Stük Butter in eine
Rein ein Stük kleine Zwiebel, auch den Fisch dar-
auf, lass ihn in Rohr braten, begieße ihn mit
einem Rahm Butter u. Limonisaft, [illegible] ihn

17. Lungl zu dünsten

Es bratet der gewaschen ist mach [illegible]
Stück heraus, salze es ein, gib [illegible] in eine
Kasserol, ein Stük Zwiebel dann streue die
Kronawetbeer, ein klein wenig mit Mehl lass
es langsam dünsten, bis sie eine schöne Farbe be-
[illegible]

Irmgard Wöhrl

DAS TRAPPKOCHBUCH

Irmgard Wöhrl

DAS TRAPPKOCHBUCH

Original-Rezepte der Köchin Johanna Raudaschl

VERLAG ANTON PUSTET

Gewidmet meiner Mutter Johanna Wiesinger

Irmgard Wöhrl

Bibliografische Information der Deutschen Nationalbibliothek
Die Deutsche Nationalbibliothek verzeichnet diese Publikation in der Deutschen Nationalbibliografie; detaillierte bibliografische Daten sind im Internet über http://dnb.ddb.de abrufbar.

Herausgegeben von Irmgard Wöhrl
Text, biografischer Teil: Caroline Kleibel
Food-Fotografie: Günther Pichlkostner (Fotograf), Julia Seltisch (Stylistin), Roland Essl (Koch)
Die Gerichte wurden im Gasthof Weiserhof (Salzburg) und im Salzburger Freilichtmuseum (Großgmain) fotografiert.

Lektorat: Martina Schneider
Layout & Satz: Tanja Kühnel
Druck: Druckerei Holzhausen, Wien
Gedruckt in Österreich

Weitere Informationen zum Buch erhalten Sie unter www.dastrappkochbuch.at

ISBN: 978-3-7025-0615-5

www.pustet.at

Inhalt

25. Jänner 2007

Mit Freude habe ich erfahren, daß Johanna Raudaschl, die 1931 bei unserer Familie Köchin war, wieder in unser Gedächtnis gerufen wird.

Ihre Enkelin, Irmgard Wöhrl, wird die Rezepte und Lebensgeschichte ihrer Großmutter und der Zeit, in der sie bei uns war, in einem Buch beschreiben.

Johanna Raudaschl war eine von Gott begnadete Köchin, die unseren Vater bei einem Festessen nach einer Jagd im Salzkammergut so beeindruckt hat, dass er sie sofort zu uns nach Aigen bei Salzburg gerufen hat.

In Irmgard Wöhrls Buch werden Sie Episoden aus unserem Familienleben lesen, die noch nie veröffentlicht wurden: Die Familie Trapp durch die Augen unserer besten Köchin gesehen.

Ich bin ganz sicher, dass dieses Buch ein großer Erfolg werden wird und hoffe auf eine baldige Übersetzung in die englische Sprache. Mit besten Wünschen!

Maria von Trapp

Zum Geleit

Mit Freude habe ich erfahren, dass Johanna Raudaschl, die 1931 bei unserer Familie Köchin war, wieder in unser Gedächtnis gerufen wird.

Ihre Enkelin, Irmgard Wöhrl, wird die Rezepte und Lebensgeschichte ihrer Großmutter und der Zeit, in der sie bei uns war, in einem Buch beschreiben.

Johanna Raudaschl war eine von Gott begnadete Köchin, die unseren Vater bei einem Festessen nach einer Jagd im Salzkammergut so beeindruckt hat, dass er sie sofort zu uns nach Aigen bei Salzburg gerufen hat.

In Irmgard Wöhrls Buch werden Sie Episoden aus unserem Familienleben lesen, die noch nie veröffentlicht wurden: Die Familie Trapp durch die Augen unserer besten Köchin gesehen.

Ich bin ganz sicher, dass dieses Buch ein großer Erfolg werden wird.

Mit besten Wünschen!
Maria von Trapp, Vermont im Jahre 2007

Maria von Trapp hat Johanna Raudaschl bis heute in bester Erinnerung.

„Mit Gott begonnen ist schon gewonnen."

Einem jeden ihrer in Kurrentschrift verfassten Rezeptbücher hat sie den Satz als Widmung vorangestellt: „Mit Gott begonnen ist schon gewonnen". Meine Großmutter Johanna Raudaschl war eine sehr gläubige Frau. Religion prägte ihr Leben von früher Kindheit an. In bäuerlichen Verhältnissen war sie als uneheliches Kind aufgewachsen. Damals in der kleinen ländlichen Gemeinde im Salzkammergut ein Makel. Weil ihre Mutter, meine Urgroßmutter, sich auch nach der Geburt der Tochter als Magd verdingen musste, wuchs Johanna Raudaschl unter der strengen Obhut ihrer Großmutter auf.

Nie ganz zufrieden und doch nicht unglücklich meisterte sie ihr Schicksal. Fleißig, stark und selbstbewusst ging sie ihren Weg, der sie für eine Zeit lang – die wohl wichtigste Zeit ihres Lebens, wie sie oft sagte – ins Haus der Familie Trapp führte. Meine Großmutter kochte für den Baron, die Baronin, deren Kinder und Gäste. Eine verantwortungsvolle Tätigkeit, die nicht nur angelerntes Wissen, sondern auch offene Augen, Interesse, Ideenreichtum und Fantasie voraussetzte. Mit dem täglich Notwendigen für die ihr Anvertrauten beschäftigt, dachte sie dabei nie an sich. Dass es ihr aber auch in kargen Zeiten gelang, vorzügliche Speisen zuzubereiten, war ihr Anerkennung und Bestätigung, eine unerschöpfliche Quelle der Energie und des Lebensmutes.

Bei aller gebotenen Distanz und dem nötigen Respekt entwickelte sich zwischen der im August 1904 geborenen Johanna Raudaschl und ihrer um genau fünf Monate jüngeren Dienstgeberin Baronin Maria Augusta von Trapp bald eine sehr wertschätzende, fast freundschaftliche Verbindung. Wenn mir meine Großmutter später von ihren Erlebnissen im Haushalt der Familie Trapp erzählte, schien mir stets eine besondere Harmonie zwischen den beiden so unterschiedlichen Frauen spürbar. Schon als kleines Mädchen habe ich diese Geschichten geliebt. Ich stand meiner Großmutter sehr nahe und konnte mit ihr über alles reden.

Sie war eine wunderbare Köchin und ein wenig habe ich wohl von ihrem Talent geerbt. Auch hat sie mir, als sie 1993 im neunzigsten Lebensjahr nach einem ebenso erfüllten wie entbehrungsreichen Leben verstarb, ihre Kochbücher hinterlassen. Alt, vergilbt, mit Flecken von allem Möglichen und wenn man sie – fast wie ein Heiligtum – in die Hand nahm, fielen allerlei Heiligenbildchen, Zeitungsausschnitte und Notizzettel heraus. Ein wahrer Schatz! Und so war es seit Langem mein Wunsch, ihr Leben, ihre Rezepte, ja ihre Lebensrezepte, nicht in Vergessenheit geraten zu lassen. Mit großer Freude habe ich begonnen zu kochen und manchmal hatte ich das Gefühl, dass meine Großmutter neben mir stand, mir ein wenig half. Zwar hatte sie jeweils die Zutaten aufgeschrieben, aber nur selten genau notiert oder festgehalten, wie man die Gerichte Schritt für Schritt kocht. Sie hat eben immer alles nach Gefühl gemacht!

Vor dem Hintergrund der Lebensgeschichte der Johanna Raudaschl lag es mir am Herzen, dieses Buch so authentisch wie möglich zu gestalten und sowohl den Geist der Zwischenkriegszeit als auch den Speiseplan im Hause Trapp zu treffen. Eben eine einfache und schmackhafte Küche zu präsentieren. Wirklich Gutes bleibt doch zeitlos von Bestand, auch wenn sich der Geschmack vielleicht ändern mag.

Dem Guten, das meine Großmutter im Hause Trapp zubereitet hat, aber auch dem Guten, das sie im Leben bewirkte, sei dieses Buch gewidmet: „Mit Gott."

Irmgard Wöhrl

Herausgeberin Irmgard Wöhrl und Roland Essl beim Nachkochen der Originalrezepte von Johanna Raudaschl für die Fotoaufnamen des Buches.

Meine Wenigkeit

Ein kühles Willkommen im heißen Sommer 1904

Die ebenso berührende wie bewegte Lebensgeschichte meiner Großmutter Johanna Raudaschl begann am Holzberggut, ein Stück oberhalb des malerischen Attersees, um St. Bartholomä (24. August) des Jahres 1904.

Der Sommer damals war bis in den späten August hinein ungewöhnlich heiß und trocken gewesen, sodass die erste Heuernte früher hatte stattfinden können als in anderen Jahren. Und die Ernte fiel gut aus. Gerade als die Wiesen zusehends zu verdorren drohten, kam Ende August endlich der ersehnte Regen. Es kühlte ab – eine Wohltat.

Die Bauerstochter Theresia Raudaschl hatte von all dem nicht viel mitbekommen. Sie plagten ganz andere Sorgen, als sie sich an diesem nur mäßig warmen, verregneten Augusttag vom Hofe der Eltern am Holzberg aus auf den beschwerlichen Weg zu ihrer Schwester aufmachte, um in deren Obhut ihr erstes Kind zur Welt zu bringen. Nicht gerade ein freudig erwartetes Ereignis, wenngleich doch das Kleine der Begegnung mit ihrer ersten großen Liebe entstammte. Im Herbst des Vorjahres hatte die 25-jährige unerfahrene Theresia den Wanderarbeiter aus dem Salzburgischen auf einem Dorffest kennengelernt und sich Hals über Kopf in ihn verliebt. Die heimlichen Treffen blieben nicht ohne Folgen. Sogar von Heirat war die Rede, doch dann war der Mann weitergezogen, um in Hallein im Steinbruch zu arbeiten, wie es hieß. Theresia aber war im Wissen um das Andenken, das er ihr dagelassen hatte, einigermaßen verzagt und mit gebrochenem Herzen zurückgeblieben. Lange hatte sie es nicht gewagt, ihren Zustand preiszugeben.

Johannas Mutter Theresia Raudaschl (1878–1963).

Während die beiden Brüder Franz und Matthias der werdenden Mutter wenig bis gar kein Verständnis entgegenbrachten – für sie zählte nur ihre Arbeitskraft und die begann, unter den sich abzeichnenden Umständen immer mehr nachzulassen – fand Theresia bei ihrer Schwester Johanna Zuflucht.

Theresias Schwester Johanna (1882–1945) stand ihr in den schwierigen Tagen der Geburt des Kindes bei.

Johanna betrieb gemeinsam mit ihrem Mann am gegenüberliegenden Ufer, in Steinbach am Attersee, eine kleine Landwirtschaft. Um dorthin zu gelangen, musste Theresia zuerst ein Leintuch vom Balkon des Hofes am Holzberg hängen. So wusste der Fährmann unten, dass jemand die Überfahrt wünschte, und hielt sich bereit. Dann ging es eine gute Stunde lang bergab zur Anlegestelle und mit dem Kahn hinüber ans andere Seeufer.

Dort drüben, in Steinbach, gebar Theresia zwei Tage später, am 26. August 1904, ein Mädchen: „Meine Wenigkeit", wie es Johanna Raudaschl in ihren Lebenserinnerungen formulierte. Und tatsächlich war es wohl mehr als vornehme Zurückhaltung oder die für meine Großmutter zeitlebens so typische Bescheidenheit, die sie zu dieser eigentlich recht geringschätzigen Selbstbeschreibung hatte greifen lassen. Ein uneheliches Kind zu dieser Zeit, das galt als ein „Gfrett" und eine beträchtliche Schande obendrein. Die Hauptsache aber schien, dass alles gut gegangen war, dass Mutter und Tochter wohlauf waren. Die beherzte Tante umarmte die Schwester, mit der sie seit jeher eine innige Zuneigung verband, und versicherte ihr, dass sie nicht die Erste und auch ganz bestimmt nicht die Letzte sei, der so etwas widerfahre.

Wie recht sie doch hatte. Nur änderte das eben nichts daran, dass uneheliche Kinder und ihre Mütter zu jener Zeit überwiegend als Außenseiter behandelt wurden. Eine himmelschreiende Ungerechtigkeit und ein Umstand, der meiner Großmutter, wie mir schien, ein Lebtag lang zu schaffen machte. Auf ihrer persönlichen Habenseite standen diesem vermeintlichen Makel viele positive Erfahrungen gegenüber, wie die Zuneigung fürsorglicher und besonders verständnisvoller Verwandter, die in den ersten Jahren ihre Geschicke lenkten, die

Johanna Raudaschls Geburtshaus in Steinbach am Attersee.

ihr mehr Halt gaben als ihre Mutter. Auch war es Johanna wahrscheinlich gerade aufgrund des am eigenen Leibe Erlebten gegeben, ein sehr ausgeprägtes Empfinden für Gerechtigkeit und Solidarität zu entwickeln und bis ins hohe Alter zu bewahren. Sie war selbstbewusst und durchsetzungsstark, gescheit und humorvoll. Und irgendwann gelangte sie ganz ohne Hoffart zu der beruhigenden Gewissheit, es trotz allem in ihrem Leben zu etwas gebracht zu haben.

Eine dieser verständnisvollen Verwandten, die ihre ersten Tage auf Erden prägte, war ihre Tante. Sie war es auch, die das neugeborene Mädchen am Tag nach der Entbindung nach Steinbach zur Taufe trug und ihr als Patin den Namen „Johanna" gab. „Hannerl" sollte sie später gerufen werden, doch vorerst einmal wurde nicht viel mit der Kleinen gesprochen, da die Tante ihrer Arbeit nachzugehen hatte, die Mutter sich aber erst allmählich von den Strapazen der Geburt erholte. Eine Woche lang hätte sie nur liegen bleiben mögen, aber das ging ja nicht. Schon nach ein paar Tagen musste sie wieder heim, zurück über den See und hinauf auf den Holzberg. Die Erntearbeit drängte. Viel zu lange war sie bereits ausgefallen, was den gestrengen Brüdern gar nicht behagte. Bei der Arbeit zählte damals wirklich jede Hand, gab es doch keine Maschinen oder andere technische Hilfsmittel. Es musste mit Sichel und Sense gemäht werden. Die Bauern hatten eine ungeheure Vielfalt an Tätigkeiten in Hof und Stall zu verrichten. Die Tiere mussten versorgt werden und die Felder verlangten von der Saat bis zur

Unterach, auf einer Postkarte aus dem Jahr 1907.

Ernte den vollen Einsatz. Zudem war ein jeder Bauer sein eigener Handwerker – und dann erst die Arbeit in den Wäldern des Holzberggutes. Ein Hof ohne Wald, hieß es früher, sei wie ein Bett ohne Decke. Wenngleich sich der Name „Holzberggut" nicht, wie man hätte vermuten können, auf einen besonderen Waldreichtum bezog, sondern lediglich auf die Lage nahe am Wald, verfügte die Familie doch über die für die Region üblichen 10 bis 15 Hektar. Auch da gab es ständig etwas zu tun.

Arbeit war nicht nur ein Teil des Lebens, sondern vielmehr dessen Grundlage und Voraussetzung. Sie gehörte dazu wie die Jahreszeiten, wie Sonne und Regen. So nahmen die Brüder lieber die Schande der unehelichen Niederkunft in Kauf, als dass sie die Schwester des Hofes verwiesen und damit eine wichtige Kraft verloren hätten. Die kleine Tochter wurde einfach in eine Decke gewickelt und mit aufs Feld genommen. Ein wahrhaft kühles Willkommen.

Streng, aber herzlich

Johannas Jugend bei der Großmutter

Theresias Mutter, die ebenfalls Johanna hieß, war bei der Ankunft des Enkerls 53 Jahre alt. Sie war eine resolute Frau, die mit fester Hand das Regiment am Hofe führte, während der Großvater gewissenhaft sein Tagewerk verrichtete, gemeinsam mit den beiden Söhnen die Felder bestellte, das Vieh hütete und zur Entspannung in der Abendsonne auf der Hausbank schon einmal eine Pfeife rauchte. Hatte sich ihre Begeisterung über den illegitimen Nachwuchs der Tochter zunächst in Grenzen gehalten, so gelang es Klein-Johanna bald, in einer Art, wie es nur Kinder vermögen, das Herz ihrer Großmutter-wider-Willen zu rühren. Lag es am gemeinsamen Vornamen, der schon Familientradition hatte? Lag es an Hannerls sonnigem Wesen? Jedenfalls behielt die Großmutter die Kleine bei sich im Haus, während die Mutter ihrer Arbeit nachging, sich bald auch auf fremden Höfen in der Gegend als Magd verdingte, um den Lebensunterhalt zu erwirtschaften.

Johanna wuchs in einer bäuerlichen Lebenswelt auf, die uns heute längst fremd ist. Weitab von jeglicher Romantik einer „guten alten Zeit" waren schon ihre ersten Jahre geprägt von kargen, entbehrungsreichen Verhältnissen und schwerer Arbeit. Geprägt aber auch von großer Dankbarkeit gegenüber so manch scheinbarer Kleinigkeit, wie sie oft erzählte, von Gottesfürchtigkeit und Lebensfreude. Man fügte sich dem Unabdingbaren und nahm gelassen hin, „dass durch die undichten Fenster der Wind blies und im Winter in der Früh die Tuchent weiß war vom Schnee." Weil die Wohnverhältnisse so beengt waren, durfte Johanna im Bett der Großmutter schlafen. Es ist rührend, wie sie es verstand, selbst aus dieser Raumnot noch eine Tugend zu machen, wenn sie in ihren Erinnerungen schrieb: „Ich wärmte ihr den Rücken, sie wärmte mir meine immer kalten Füße. So passten wir gut zusammen!"

Das Jahr 1911 war trocken, aber fruchtbar. Am 24. August hatte es einen verheerenden Sturm gegeben, der in der Atterseegemeinde ganze Waldstriche verwüstete und zahlreiche Obstbäume entwurzelte, Dächer abtrug und großen Schaden anrichtete. Das Holzberggut blieb gottlob davon weitgehend verschont, was die Großeltern als gutes Omen werteten und den Hof in diesem Jahr 1911 – so wie es sich für damalige Verhältnisse ziemte – an ihren Erstgeborenen, Johannas Onkel Franz, übergaben. Gemeinsam mit der siebenjährigen Enkelin zogen die alten Leute ins Austragsstüberl in der linken vorderen Ecke des Hofes, von wo aus man eine herrliche Aussicht über den See hatte.

Vom grandiosen Panorama hatte Johanna freilich nur wenig, denn schon früh musste sie fest mit anpacken. Nur selten wurden ihre Mühen und Pflichten von einem Spiel oder einer Feierlichkeit unterbrochen. Sie musste auf den Weiden rund um den nahen Egelsee das Vieh hüten und aufpassen, dass ja keines der Tiere im Sumpf stecken blieb. Den ganzen Tag über war sie draußen. Sie fürchtete sich vor den Schlangen, die sich allenthalben gut versteckt im Gras sonnten. Mit dem Biss einer Kreuzotter war nicht zu spaßen und der Doktor war weit. Mächtig stolz war sie als kleines Mädchen schon, wenn die Viecher gut beisammen und schön geputzt waren und wenn am Abend eine jede Kuh wieder sicher den Weg zurück in den Stall gefunden hatte. Es galt, die Wiesen zu mähen und das Heu zu wenden und aus dem Getreide Garben zu binden: „Eine gute Gymnastik fürs Kreuz! Da hat man am Abend gewusst, was man getan hat." Zum Einlagern in der Scheune musste das Heu dann getreten werden, ein langweiliger, sturer Ablauf. Dazu staubte es beträchtlich und juckte und biss am ganzen Körper. Einzig die Aussicht, am Ende von ganz oben mit Juhu ins Heu springen zu dürfen, war ein Lichtblick. Das Erdäpfelklauben und das aus der Erde Nehmen der Futterrüben, der sogenannten Runkeln, nannte Johanna recht bucklige Beschäftigungen und meinte launig: „Gut, dass ich nicht so groß gewachsen war, da war es nicht so weit zum Boden."

Auch im Haus ging die Arbeit nie aus. Dabei waren es nicht nur kleine Handgriffe, zu denen Johanna als Kind angehalten wurde. Ganz wesentliche Haushaltsaufgaben lasteten auf ihren Schultern, wie beispielsweise das mühevolle Reiben des alten Holzfußbodens. Brachten schon die Leute immer genug Schmutz in die gute Stube, so erst die Hühner, die damals, weil sie für die Versorgung so wichtig waren, in der kalten Jahreszeit im Haus gehalten wurden und unter der Sitzbank ihren Stall hatten. Trotzdem sollte immer sauber geputzt sein. „Und die Großmutter", schrieb Johanna in ihren Erinnerungen, „die damals schon etwas kränklich war, schaute mir dabei zu, ob ich auch alles ordentlich mache. War sie nicht zufrieden mit dem, was ich tat, bohrte ihr Zeigefinger gleich drohend in die Luft. Da wusste ich, was es geschlagen hatte und musste mich gleich noch mehr bemühen. Die Großmutter war sehr streng, aber heute weiß ich, dass ihre Strenge zu meinem Besten war und niemals wäre es mir eingefallen, ihr zu widersprechen."

Ab Mai 1911 besuchte Johanna Raudaschl die katholische Volksschule in Unterach am Attersee. Damals galt es als Privileg, in die Schule gehen zu dürfen und immer saßen gleich mehrere Kinder verschiedener Jahrgänge gemeinsam in einem Klassenzimmer. Fünf Kilometer lang war der beschwerliche Weg, den sie von da an sommers wie winters, bei Regen und Schnee, oft noch vor Anbruch der Morgendämmerung zurückzulegen hatte. Im Sommer musste sie bereits um sieben Uhr Früh zur Schulmesse in der Kirche sein. Zuerst ging es den Berg hinunter, dann den See entlang. Im Winter litt Johanna unter den langen Röcken, die sich beim Stapfen durch den knietiefen Schnee als besonders unpraktisch erwiesen. Aber Hosen für Mädchen? So etwas war unerhört und unvorstellbar. So etwas gab es einfach nicht und Johanna wollte bestimmt nicht die Erste sein, die es gewagt hätte, eine solche Mode zu kreieren. Wie denn auch? Selbst die Röcke, die sie trug, waren gebraucht oder aus Resten genäht. Die Großmutter war überhaupt sehr geschickt darin, aus allem noch etwas Brauchbares zu machen und brachte dies auch Johanna bei. Die langen Abende waren dem Handarbeiten vorbehalten. Es wurde Flachs gesponnen, gewoben, gestrickt und gestickt, und während die Hände arbeiteten, waren die Gedanken frei. Das Kleidchen, das ihr die Großmutter zur ersehnten Erstkommunion schneiderte, geriet besonders schön. Johanna fühlte sich darin wie eine kleine Prinzessin. Nichts wurde weggeworfen, alles wiederverwertet und selbstverständlich auf alles ganz besonders gut „8" gegeben. „Nimm dein Herz in 8" – dieser Spruch war in rotem Garn auf einen Leinenpolster gestickt, der die einfache Stube ein wenig wohnlicher machte. Und das, hatte sich Johanna schon früh vorgenommen, wollte sie besonders „beherzigen".

Die achtjährige Johanna bei ihrer Erstkommunion 1912.

Steif gefroren kam Johanna an Wintertagen oft in der Schule an und durfte sich dort dann, weil sie eine so fleißige Schülerin war, neben den wärmenden Kachelofen setzen. Erst allmählich begannen die Eiszapfen an den Rocksäumen zu schmelzen und die rauen Schafwollstrümpfe aufzutauen. Das juckte ganz unbeschreiblich, aber zumindest waren die Kleider getrocknet, ehe sie wieder den Heimweg antrat. Dabei war sie nicht nur für sich selbst verantwortlich, sondern begleitete auch immer eine Schar Nachbarskinder den Weg nach Unterach hinunter und wieder zurück. Weil verlassen konnte man sich auf das Hannerl, das wussten alle. So hatte sie einmal ein zerbrochenes Fenster dabei, das sie in den Ort zum Einglasen bringen musste.

Das Holzberggut um 1922. Johannas Großmutter, ihr Onkel Franz und der kleine Halbbruder Max.

Ein andermal war wieder ein kaputter Topf zum Spengler und einige Tage später wiederum den Berg hinaufzutragen. Dazu kam der Hunger, warteten daheim wochentags doch meist nur eine Saure Suppe und Erdäpfel auf dem Teller. Kein Wunder also, dass Johanna eines Tages, als sie von der Großmutter wieder nach Unterach geschickt wurde, um unter anderem auch etwas Germ einzukaufen, auf dem Weg zurück unbändiger Appetit überkam. Ein kleines Bröserl Germ würde wohl nicht fehlen, dachte sie und brach ein Stück ab. Gut war das nicht, aber sättigend, und wie es halt so kommen musste, blieb es natürlich nicht bei dem einen Bissen. Es folgte noch einer und noch einer. Pflichtvergessen hatte das sonst so gewissenhafte Mädchen schließlich den Germ aufgegessen und kam mit leeren Händen oben an. Ob auch da nur der großmütterliche Zeigefinger in der Luft seine drohenden Kreise zog oder ob die Bestrafung für dieses Vergehen härter ausfiel, darauf wurde in dieser Geschichte nie näher eingegangen ...

Dass aber der Winter auch seine guten Seiten hatte und das Leben nicht nur aus Mühsal bestand, vergaß Johanna Raudaschl nicht in ihren Tagebuch-Aufzeichnungen zu erwähnen: „Der Winter", schrieb sie einmal, „war mir ja fast die liebste Zeit, besonders, wenn's zum Holzholen war, oben im Wald. Wenn eine gute Schlittenbahn war, ist das ganze Dorf unterwegs gewesen, zum Brennholz fahren. Das war lustig und das Gebimmel der Glocken am Rosszeug war schon von Weitem zu hören. War das Holz aufgeladen, ist es talwärts gegangen. Das war ganz schön wild. Ich hab mich das erste Mal gefürchtet und bin lieber nachgelaufen, später bin ich dann aber auch aufgesessen!"

Manches veränderte sich im Alltagsleben, als im Sommer 1914 der Erste Weltkrieg ausbrach. Und es war nicht zum Besseren. Über Nacht musste der Onkel, der den Hof bewirtschaftete, einrücken. Der Großvater, der sich schon auf sein Altenteil zurückgezogen und nur mehr in Ausnahmefällen mit Hand angelegt hatte, musste erneut die schwere Feldarbeit verrichten. Um vier Uhr früh begann der alte Mann, die Sense zu dengeln und das Gras zu mähen. Natürlich musste Johanna mithelfen. Bevor es zum Schreiben und Rechnen in die Schule ging, führte sie schon den Rechen auf dem Feld.

„1918 hatte ich die Volksschule abgeschlossen. Frau Oberlehrer Hölzl hat mir das beste Abschlusszeugnis ausgestellt, das ich heute noch jedem zeigen kann", vermerkte Großmutter später in ihren Aufzeichnungen nicht ohne Stolz.

Von den großen weltpolitischen Umbrüchen bekam die Familie oben am Holzberg nicht allzu viel mit. Zwar wusste man, dass nach dem Krieg nur mehr ein sehr geringer Teil des Gebiets der ehemaligen österreichisch-ungarischen Monarchie bei Österreich verblieben war und der junge Staat damit vor großen wirtschaftlichen Problemen stand, doch von den Schwierigkeiten der unmittelbaren Nachkriegsjahre, von Hungersnot, Kohlenmangel, Inflation und Arbeitslosigkeit blieb man am Holzberg weitgehend verschont. Gut, dass alle damals so anspruchslos waren. Die Saure Suppe, das Kraut und die Erdäpfel vom eigenen Feld gab es auch in schweren Zeiten und so musste zumindest nie jemand Hunger leiden. Nach dem Krieg kam die Geldentwertung. Das Preisniveau bei Kriegsende betrug das Fünfzehnfache des Jahres 1914. Johannas Großeltern und ihre Mutter verloren fast all ihre Ersparnisse. Das Wenige zerrann zum Nichts, sodass sich der Großvater nicht einmal mehr den Tabak für seine Pfeife kaufen konnte. Der „Tabak", den er selbst anbaute, bekam ihm nicht gut. Er verstarb bald an einer Lungenkrankheit. Johannas Mutter gebar 1919, im Alter von immerhin schon 41 Jahren, ein weiteres lediges Kind. Johanna hatte auf einmal einen kleinen Bruder. Wie nah Freude und Leid doch zuweilen beisammen liegen: Am 2. März 1920 verstarb die geliebte Großmutter und Johanna schrieb in ihr Tagebuch: „Da ging für mich die Sonne unter."

Unterach 1926. Auch vom Holzberggut der Familie Raudaschl hatte man einen so atemberaubenden Ausblick auf den Attersee und das Höllengebirge.

800 ml	Wasser
250 ml	Sauerrahm
25 g	Mehl
1	Knoblauchzehe
4	Wacholderbeeren
15	Pfefferkörner
1	Lorbeerblatt
1	EL Kümmel
7 g	Salz
7 g	Suppenwürze
1 Schuss	Essig

Saure Rahmsuppe

Wasser mit Knoblauchzehe, Wacholderbeeren, Pfefferkörnern, Lorbeerblatt und Kümmel etwa eine halbe Stunde kochen lassen. Sauerrahm mit etwas Wasser und Mehl glatt rühren und in das Gewürzwasser einrühren. Salz, Suppenwürze und Essig dazugeben, gut verrühren und noch einmal aufkochen lassen. Durch ein Sieb passieren und abschmecken.

Mit gekochten Erdäpfeln, Schinken- oder Schwarzbrotwürfeln als Einlage servieren.

Saure Rahmsuppe ist ein einfaches Gericht, das früher oft auf den Tisch kam. Es war preiswert und schmeckte gut.

Guter Braten, gute Taten

Kulinarische Kindheitserinnerungen

Ihre ruhige Hand schien das zum Braten bestimmte Fleisch fast zu streicheln. Mit präzisen Bewegungen zerhackte sie geschickt die taufrischen Gartenkräuter – duftendes Beiwerk zu einem kostbaren Bratenstück. Alles wurde in einer blanken Pfanne gekonnt arrangiert. Schon im Rohzustand ehrte das Werk seine Meisterin. „Fleisch“, pflegte meine Großmutter immer zu sagen, „ist etwas ganz Besonderes“. Zu lange hatte sie in ihrer Kindheit und Jugend darauf verzichten müssen. Fleischgerichte waren zu Anfang des 20. Jahrhunderts eher die Ausnahme und nur an Festtagen auf den bäuerlichen Tisch gekommen. Und selbst dann war es zumeist nicht junges und zartes Federvieh, das da in den Topf wanderte, sondern „die zähen alten Suppenhühner, die man sehr lange kochen musste!“

Es war mir stets eine besondere Freude, meiner Großmutter bei der Küchenarbeit zuzusehen. Ich habe unendlich viel von ihr gelernt. So, wie schon sie selbst die Liebe zum Kochen von ihrer Großmutter mit auf den Weg bekommen hatte.

Wilhelm Busch dichtete einst: „Es wird mit Recht ein guter Braten gerechnet zu den guten Taten; Und dass man ihn gehörig mache, ist weibliche Charaktersache.“ Weiter schrieb er: „Wer einen guten Braten macht, hat auch ein gutes Herz.“ Er muss Johanna Raudaschl gekannt haben. Ihrer Kochleidenschaft waren keine Zutaten zu gering und keine Nebensache zu unwichtig. Schon als sie noch bei ihren Großeltern oben im Austragsstüberl am Holzberg lebte, waren Johannas schönste Stunden, wenn Sie der Großmutter beim Kochen und Backen zur Hand ging. Sie liebte Süßspeisen über alles. Doch Zucker war schwer zu bekommen, in den Kriegstagen rationiert und die „Herstellung von Kleingebäck“ sogar zeitweise per Gesetz verboten. Wenn es denn doch einmal Kuchen gab, zu einem besonderen Anlass, so war das Backen selbst schon die größte Freude. Nicht, dass diese begeisterte Hilfsbereitschaft nur den einen Grund gehabt hätte, den Rührlöffel abschlecken oder die Finger in den Teig stecken zu dürfen. Das sicher auch. Aber ebenso gern erfüllte Johanna die „lästigen“ Pflichten wie Mehlsieben, Nüssereiben, Holz- oder Wassertragen – und stundenlanges Rühren.

Allein das Eiklar richtig schön steif zu schlagen war anstrengend – und dann erst der schwere Teig. Dotter, Zucker und Mehl sollten eine Stunde lang abgerührt werden und zwar immer in die gleiche Richtung. So hatte es die Großmutter angeschafft und das Hannerl tat – üblicherweise – auch genau wie ihr geheißen. Nur einmal packte sie die Neugier und für ein paar Umdrehungen wechselte sie die Richtung. Was nun? War der Teig verdorben? Würde der Kuchen in sich zusammensinken? Kaum hatte sie den Streich gewagt, plagte sie auch schon das schlechte Gewissen. Als die Stunde um war und die Großmutter den Teig in die Form goss, ihn in den Ofen schob, hielt es Johanna in der engen Stube nicht mehr aus. Nicht einmal die Schüssel wollte sie mehr ausschlecken. Sie lief hinaus und versuchte sich mit allerlei Spielen abzulenken, um nicht an das großmütterliche Donnerwetter zu denken, das unweigerlich folgen würde. Wie hatte sie sich nur hinreißen lassen können? Da rief schon die Großmutter nach ihr und sie trabte mit hängendem Kopf zurück. Aber als sie durch das Fenster in die Stube schaute, sah sie, wie die Großmutter stolz den Gugelhupf auf dem Tisch betrachtete, der so hoch aufgegangen war, wie selten zuvor. Und als sie das Hannerl sah, lobte sie: „Siehst du, weil du so brav gerührt hast!"

Ich kann nur erahnen, welche inneren Schlüsse meine sicherlich sehr erleichterte Großmutter damals aus dieser Geschichte gezogen hat. Was mir aber immer wieder an ihren Rezepten auffiel, war: So fein säuberlich sie auch alle Zutaten notierte, so wenig Anleitung gab sie hinsichtlich der eigentlichen Zubereitung der Speisen. War es diese frühkindliche Erfahrung von damals, die sie ein für alle Mal auf ihr Gefühl vertrauen ließ? Jedenfalls wollte sie weder sich selbst noch anderen, die je nach ihren Angaben zu kochen hatten, einen solchen Zwang auferlegen wie genaue Rührzeiten, Umdrehungsanzahlen oder Kochlöffel-Richtungsangaben. Und über noch etwas anderes war sich das Hannerl früh im Klaren. Sie wollte kochen können, so gut wie die Großmutter. Besser vielleicht sogar, wäre ihr dieser Gedanke nicht schon wieder hoffärtig erschienen. Eine weitere Leidenschaft von Johanna Raudaschl war das Singen. Beim G'stanzlsingen hatte sich ihr eine Zeile ganz fest eingeprägt, die auf sie sicher nie zutreffen sollte: „S' Dirndl hat g'heirat, is 17 Jahr alt, koa Supp'n kanns kochen, warum heirat's so bald."

Nach Martini, Anfang November, wenn draußen alle Arbeiten beendet waren, kam in der Kindheit meiner Großmutter die Zeit zum Schlachten. Wenn es sich ausging und das Fleisch zum Teil für den eigenen Bedarf behalten werden konnte, war das immer eine große Freude. Noch dazu, wenn es bald kalt wurde und fror, sodass sich die Köstlichkeiten lange frisch hielten. Damit das Fleisch gut ablag, wurde es in einen Holzbottich geschlichtet und mit viel Salz und Knoblauch bestrichen. Fett wurde ausgelassen und in Tontöpfe gegossen, auf deren Böden sich knusprige Grammeln sammelten. Ein Teil des Fleisches wurde zum

Selchen mit einem Hängerechen in den Kamin gehängt. So reichte es bei sparsamem Verbrauch bis ins Frühjahr hinein, kam es doch – außer zum Schlachtfest – nur an Sonn- und Feiertagen auf den Tisch. Ja, das Schlachten war wirklich ein Fest. Schon Tage vorher wurden verschiedene Gewürze, Salz, Knoblauch und Zwiebeln vorbereitet, am Schlachttag selbst dann bereits in der Früh riesige Kochtöpfe mit Wasser auf dem Herd erwärmt. Beim Abstechen war Johanna nicht dabei, das besorgten die Männer, der Großvater, der Onkel und die Nachbarn, die für ein Stück Schweinernes nur zu gern mit Hand anlegten. Nach getaner Arbeit, und das konnte Tage dauern, wurde gekochtes Saufleisch mit Kraut und Knödeln als Gastgeschenk an die Helfer aufgetragen. Eine mehr als willkommene Abwechslung zur ewigen Krautsuppe und den Erdäpfeln.

Vor jeder Mahlzeit wurde um den Tisch stehend gemeinsam ein „Vaterunser" oder ein „Gegrüßet seist Du Maria" gebetet. Die zahllosen Wiederholungen der Tischgebete hatten aus dem ursprünglichen Text längst eine unverständliche Abfolge von Lauten gemacht, die nur der älteren Generation geläufig waren. Die Jüngeren murmelten anstandshalber mit. Erst das abschließende, „Vatersohnesheilingeistesamen", während der Daumen Stirn, Mund und Brust bekreuzigte, hat wieder ein jeder verstanden. Es war das Zeichen, dass nun endlich mit dem Essen begonnen werden durfte. Sogleich machte man sich über die ungeschälten Erdäpfel her. Dazu gab es dünne kleine Brotschnitten, die in der Suppe eingeweicht wurden. Die Saure Suppe gab es täglich in der Früh und abends, vor und nach der Stallarbeit. Wenn es also hieß „gemma süppeln", wusste ein jeder, was gemeint war. Selbst das Frühstück war im Grunde ein „Suppenessen" und wurde auch so genannt. Was außer den Erdäpfeln und der Suppe sonst noch auf den Tisch kam, hing vom Einfallsreichtum der Köchin und den zur Verfügung stehenden Vorräten ab. War das Angebot noch so dürftig, nie wurde nach dem Mahl auf ein Kreuzzeichen und ein artiges „Vergelt's Gott" vergessen.

„Unser tägliches Brot gib uns heute", heißt es im „Vaterunser". Die Zeile macht deutlich, dass das tägliche Brot damals nicht nur einen ungleich höheren Stellenwert hatte, sondern dessen Herstellung auch mehr Einsatz erforderte. Brot wurde als Gottesgabe angesehen und geschätzt. Sogar die Brösel waren nie Abfall, sondern noch Nahrung für die Tiere. Die Laibe, Roggenbrot oder Halbweizen-Roggenbrot, wurden selbst gebacken und es rankten sich darum allerhand Mythen. Vor dem Anschneiden wurde ein jeder Laib bekreuzigt und es hieß zum Beispiel: „Schneide das Brot gleich, so wirst reich!" Wer aber beim Aufschneiden eines Laibes keine gleich dicken Schnitten zustande brachte, von dem wurde gesagt, dass er an dem Tag schon gelogen hatte. Und noch eine Anekdote notierte Johanna Raudaschl in ihren Aufzeichnungen: „Durch einseitiges Schleifen der Messerschneide konnte man bewirken, dass beim Brotschneiden die

Stücke unterschiedlich dick wurden. Wenn also die Brotschnitten immer dünner wurden, sagte man, heute hat der Bauer das Messer geschliffen. Umgekehrt, gerieten die Brotschnitten dicker, hatte wohl der Knecht seine Hände im Spiel."

Brotbacken gehörte zu den Fixpunkten im bäuerlichen Leben. Frisch gebackenes Brot mit Butter und Salz war eine begehrte Delikatesse, mit der sehr sparsam umgegangen wurde. Alle zwei Wochen war Backtag. Die Aufgabe der Frauen war, am Vorabend in einem großen Trog in der Küche den Teig anzurühren. Frühmorgens wurde mit trockenen Holzscheitern der unter dem Stubenofen eingemauerte Backofen angeheizt. Nachdem die Holzasche herausgekehrt war, begann das Einschießen der Teiglaibe in das heiße Backrohr. Der betörende Geruch des frischen Brotes verbreitete sich allmählich im ganzen Haus. Um die Begehrlichkeit danach in Grenzen zu halten, wurden die sogenannten Aschenzelten gemacht. Das waren etwa handtellergroße, ovale Fladen, ähnlich kleinen Pizzaböden, die nach dem Backen der Laibe von einem zurückgehaltenen Rest des Teiges in den Ofen gelegt wurden. Mit geringer Hitze blieben die Fladen halb-backen und bekamen keine harte Kruste. Ofenfrisch mit etwas Salz und Butter, die in der Fladenmulde langsam zerrann, war das für alle ein himmlischer Genuss, der sich unauslöschlich in die Kindheitserinnerungen einprägte.

Wenn es dem Wochenende zuging, wurde Butter aus dem Rahm geschlagen, den Johannas Großmutter die ganze Woche über von der Milch in braune irdene Töpfe hinein abgeschöpft hatte. Diese Töpfe waren dem Hannerl eine besonders hartnäckige Quelle des schlechten Gewissens. Vor allem dann, wenn sie alleine daheim war und der Magen langsam zu knurren begann. Ob sie wollte oder nicht, ihre Gedanken kreisten ununterbrochen um die dicke Rahmschicht. Nicht auszudenken, wenn sich jeder im Haus ein paar Löffel davon geholt hätte!

Damals wurde die Butter durch händisches Auf- und Abstößeln in einem hohen schmalen Butterfass hergestellt. Nach etwa einer halben Stunde trennte sich die Butter von der Buttermilch. Das Fett stockte zu kleinen Klumpen, die Johanna durch ein sauberes Leintuch seihen, schließlich mit der Hand geschickt zu einem Butterblock formen und vielleicht gar noch verzieren durfte. Die verbliebene Buttermilch wurde gerne getrunken, was zwar erlaubt war, die Verdauung aber zuweilen über Gebühr anregen konnte ...

Von der mühsam erzeugten Butter blieb nur wenig für den Eigenbedarf, der Großteil wurde verkauft. Wahrscheinlich schmeckte das eine Butterbrot, das es nach getaner Arbeit zur Belohnung gab, deshalb gar so gut. Rückblickend haftet den Erinnerungen meiner Großmutter oftmals jener Zauber der Zufriedenheit und des bescheidenen Kinderglücks an, der mit nichts auf der Welt vergleichbar ist und der vielleicht doch zu Recht dieser Zeit die Beifügung „gute" beschert.

„So richtig schwer krank war ich eigentlich nie!“, steht in den Aufzeichnungen, in denen Johanna Raudaschl sich dieser Kindheit erinnert, zu lesen. Gegen Bauchweh, verursacht durch Buttermilch, allzu grüne Äpfel oder unreife Zwetschken, halfen von der Großmutter sorgsam getrocknete Heidelbeeren. Um Schürfwunden zu desinfizieren, wurde Arnika verwendet. Gegen Fieber gab es Essigpatscherln. Auch gegen Husten und Halsweh im Winter kannte man bewährte Hausmittel. Halswickel aus Schweineschmalz und Zwiebel zum Beispiel. Das musste man erst einmal aushalten. Weniger geruchsintensiv war da schon ein heißer Lindenblütentee mit Honig oder der köstliche Tannenwipfelsirup, der Johanna zuweilen dazu verleitete, stärker zu husten, als es tatsächlich notwendig gewesen wäre. Für den Hustensaft wurden im Mai die frischen Wipfel von den Tannen gebrochen, in ein großes Glas geschichtet und gesüßt. Sodann am sonnigen Fensterbrett ein paar Wochen stehen gelassen, bildete sich ein Sirup, der in Flaschen abgefüllt und bei Bedarf löffelweise verabreicht wurde. Je wirkungsvoller die Medizin sei, hört man oft, umso schlechter schmecke sie. Nun, diesem Grundsatz folgte der noch jahrzehntelang bewährte Tannenwipfelsirup zum Glück nicht. Er schmeckte himmlisch nach Wald und geholfen hat er trotzdem. Oder war es auch in diesem Fall nur der feste Glaube, der Berge versetzen konnte?

125 g	Schweineleber
125 g	Kalbsleber
1 EL	Butter
250 g	roher Speck, würfelig geschnitten
5 g	Salz
12 g	Stärkemehl
1 g	Staubzucker
1 MSP	Pökelsalz
	Pfeffer
	Muskatnuss, gemahlen

einige Scheiben geräucherter, in feine Scheiben geschnittener, weißer Speck zum Auskleiden der Pastetenform

Leberpastete

Butter erhitzen und die in Würfel geschnittene Schweine- und Kalbsleber sowie den rohen Speck ca. eine Minute anbraten. Anschließend die Masse faschieren und mit den restlichen Zutaten unter Beigabe von ein wenig Wasser gut vermischen.

Pastetenform mit Klarsichtfolie auskleiden, mit den fein geschnittenen Speckscheiben auslegen und die Masse einfüllen. Pastete mit Speckscheiben einschlagen und die Klarsichtfolie schließen. Im heißen Wasserbad im vorgeheizten Rohr bei 120 Grad ca. eine Stunde garen. Pastete auskühlen lassen, kaltstellen, aus der Form stürzen und in 1 cm dicke Scheiben schneiden. Mit Preiselbeerkompott oder Sauce Cumberland servieren.

Die Pastete kann auch in kleine Einweckgläser gefüllt und so im Wasserbad gegart werden. Sie hält sich einige Tage im Kühlschrank und schmeckt hervorragend als Brotaufstrich.

Gerollter Lungenbraten

Lungenbraten auf einer Seite mit einer Mischung aus Speck, Bröseln, Sardellen, Majoran und Ingwer bestreuen. Fleisch zu einer Rolle zusammenfügen und mit Küchengarn umwickeln.

Fleisch salzen und pfeffern.

Butter in einem Bräter erhitzen und Lungenbraten von allen Seiten gut anbraten, mit Suppe aufgießen und bei 180 Grad ca. 20 Minuten im vorgeheizten Rohr garen. Fleisch herausnehmen und Küchengarn lösen. Maisstärke in 3 EL kalter Rindsuppe auflösen und die Soße im Bräter damit binden. Zuletzt mit Schlagobers verfeinern. Lungenbraten zurück in den Bräter legen und noch ein paar Minuten im abgeschalteten Rohr rasten lassen.

Fleisch herausnehmen, in Scheiben schneiden, anrichten und mit Soße überziehen. Mit Nudeln, Spätzle oder Böhmischen Knödeln als Beilage servieren.

800 g	Lungenbraten vom Schwein, geputzt, der Länge nach auseinandergeschnitten und plattiert (lässt man am besten gleich beim Metzger vorbereiten)
100 g	durchzogener Speck, fein würfelig geschnitten
2 EL	Brösel
1 EL	Sardellen (in Öl eingelegt), würfelig geschnitten
1 EL	Majoran, gerebelt
1 EL	Ingwer, sehr fein gehackt
250 ml	Rindsuppe (3 EL kalte Rindsuppe für die Soße beiseitestellen)
2 EL	Butter
2 EL	Maisstärke
3 EL	Schlagobers
	Salz, Pfeffer

Vorteig:

100 g	Weizenmehl glatt
2 TL	Staubzucker
24 g	Hefe

Hauptteig:

300 g	Roggenmehl
360 g	Weizenmehl glatt (am besten Typ 1050)
100 g	Natursauerteig (beim Bäcker erhältlich)
350–400 ml	Milchwasser lauwarm (halb Milch, halb Wasser)
2 TL	Salz
2 TL	Brotgewürz, (Fenchel, Koriander, Kümmel und Anis)
2 TL	Honig
1 EL	Sonnenblumenöl
80 g	Baumnüsse (evtl. gemischt mit geschälten Sonnenblumenkernen)

Diesem Brot kann man statt der Nüsse auch andere Zutaten wie Leinsamen, Sesam, Kürbiskerne oder auch Speckwürfel beifügen. Wahlweise diese Zutaten unter die Teigportion kneten.

Nussbrot und Aschenzelten

Zuerst das „Dampfl" (Vorteig) herstellen. Dafür die Zutaten mit ⅓ des Milchwassers zu einem dicken Brei verrühren. Diesen an einem warmen Ort zugedeckt auf etwa das Doppelte aufgehen lassen (20–30 Minuten). Anschließend alle Zutaten beifügen und zu einem glatten Teig verkneten (durch Beigabe des Milchwassers die Festigkeit des Teiges bestimmen). Den Laib mit Mehl bestäuben und an einem warmen Ort fast auf die doppelte Größe (ca. 30 Minuten) aufgehen lassen. Teig in zwei Teile teilen, kneten, daraus Laibe formen und nochmals 30 Minuten gehen lassen. Die Brote mit Mehl bestäuben, auf ein mit Backtrennpapier belegtes Blech legen und im vorgeheizten Rohr bei 220 Grad auf mittlerer Schiene etwa 15 Minuten backen. Danach die Hitze auf 180 Grad reduzieren und nochmals etwa 30 Minuten weiterbacken. Für eine schöne Kruste während der ersten Backhalbzeit eine Schale mit Wasser ins Rohr stellen.

Aschenzelten

Je nach Zahl der gewünschten Aschenzelten, Teigmenge von obigem Teig auf einer bemehlten Arbeitsfläche in 100-Gramm-Portionen teilen. Daraus Kugeln formen, flach drücken und von der Mitte aus ziehen, sodass der Zelten in der Mitte dünn und am Rand dicker ist, bis eine ovale, handtellergroße Form entsteht. Zelten auf ein mit Backtrennpapier belegtes Backblech legen und im vorgeheizten Rohr bei 220 Grad 15–20 Minuten backen. Nach dem Backen Aschenzelten an der Oberseite sofort mit flüssiger Butter bepinseln und leicht salzen.

Feiner Gugelhupf

160 g	Butter
4	Eier, davon 2 in Eidotter und Eiklar getrennt
100 g	Staubzucker
200 g	Mehl, glatt
70–90 ml	Milch
1 Prise	Salz
200 g	Mandeln, geschält und gemahlen
100 g	Mandeln, gestiftelt
1 Pkg.	Backpulver
1 Pkg.	Vanillezucker
	abgeriebene Schale einer halben Zitrone

Dieser Gugelhupf schmeckt auch vorzüglich, wenn man unter die geriebenen Mandeln noch 3 EL Rosinen mischt!

Mehl und Backpulver vermischen, Zucker und Vanillezucker vermischen. Weiche Butter mit dem Mixer oder der Küchenmaschine sehr gut abrühren, Zitronenschale, 1 ganzes Ei, 2 EL Mehl und 2 EL Zucker hinzufügen und gut weiterrühren. Dann wieder 1 Ei, 2 EL Mehl und 2 EL Zucker beifügen, danach noch zwei Mal 1 Dotter, Mehl und Zucker beifügen und weiterrühren. Dazwischen die Milch löffelweise, je nach Konsistenz des Teiges, dazugeben. Diesen Vorgang so oft wiederholen, bis die Zutaten verbraucht sind. Danach die geriebenen Mandeln darunterrühren.

Zuletzt den Schnee von zwei Eiern mit einer Prise Salz aufschlagen und unter die Masse heben.

Gugelhupfform mit Butter ausstreichen und mit gestiftelten Mandeln auskleiden. Teig einfüllen und im auf 165 Grad vorgeheizten Rohr etwa 50 bis 60 Minuten backen.

Lehr- und Wanderjahre

Johannas erste Dienststelle in Nussdorf

Gegen Ende des letzten Schuljahres 1918, so um die Pfingstzeit, hatte Johannas hoch verehrte Lehrerin Frau Hölzl das Mädchen nach der Stunde zu sich gerufen. Weil das so unerwartet kam, hatte Johanna schon befürchtet, es sei etwas nicht in Ordnung. Unbegründete Unruhe – war sie doch stets eine der besten und aufmerksamsten Schülerinnen gewesen. Und genau darum ging es Frau Hölzl, als sie nun wissen wollte, was Johanna denn nach dem Schulabschluss plane. Am großelterlichen Hof, dem Holzberggut, wollte sie bleiben, erklärte Johanna, und dann später einmal irgendwo so wie die Mutter als Magd, oder besser noch als Küchengehilfin arbeiten. „Möchtest du denn nicht lieber weiter was lernen?" Johanna schaute die Lehrerin ernst und traurig an. Wie sollte das denn gehen? Freilich war es ihr größter Wunsch, Köchin zu lernen, nur dazu fehlte das Geld. Irgendwo eine Lehrstelle anzunehmen, bedeutete schließlich, Lehrgeld bezahlen zu müssen, und woher sollte sie das nehmen? Die Großeltern waren arm und auch die Mutter musste einen jeden Heller doppelt und dreifach umdrehen. Außerdem hatte sie sich über die Jahre recht rargemacht. „Nun, ein selbstbewusstes Mädchen wie du wird in jedem Fall seinen Weg machen. Das Schicksal meint es gut mit dir!", sagte Frau Hölzl, schaute die Schülerin lange an und entließ sie schließlich.

Schneller als sie sich das je hatte ausmalen können, kam der letzte Schultag – der letzte Schulweg. Und es wurde schlussendlich auch der letzte Sommer am Holzberg. Die Großmutter, die wohl schon ahnte, dass sie nicht mehr allzu lange am Leben sein würde, hatte durch den Verkauf von Feldfrüchten und Lebensmitteln doch etwas Geld zur Seite legen können. Auch war sie darauf bedacht, dass das Hannerl „zu guten Leuten" kam. Und selbst Johannas Mutter Theresia wollte künftighin zur Ausbildung der Tochter beitragen: „Soll sie es doch einmal besser haben im Leben." Über Verwandte wurde also eine Lehrstelle als Köchin beim Wiesinger in Nussdorf am Attersee für Johanna gefunden, einem angesehenen Gasthof mit angeschlossener Fleischhauerei. So packte meine Großmutter – hin und her gerissen zwischen freudiger Erwartung und der Wehmut, den Holzberg verlassen zu müssen – im Herbst

1918, knapp nach ihrem 14. Geburtstag, die wenigen Habseligkeiten zusammen in einen hölzernen Koffer und zog um nach Nussdorf.

In den ersten Wochen plagte sie das Heimweh sehr und sie nützte jeden freien Tag, um zurück nach Unterach zu kommen. Als dann 1920 die Großmutter gestorben und damit für sie, wie sie so berührend schrieb, die „Sonne untergegangen" war, schaffte sie es in ihrem Kummer lange nicht mehr, das Holzberggut zu besuchen. Die Stätte der Kindheit erschien ihr nun seelenlos und leer. Doch wie heißt es so treffend: „Wann immer Gott eine Tür schließt, öffnet er anderswo ein Fenster." Johanna blieb also in den folgenden Jahren lieber unten in Nussdorf und begann, zunehmend Gefallen daran zu finden, ihre karge Freizeit am Arbeitsort zu verbringen. Sie fand Anschluss und Freunde. Und selbst wenn die „Goldenen 20er-Jahre", wie sie oft genannt werden, für die Menschen in der Stadt eine andere Bedeutung hatten, bekam auch Johannas Leben ein wenig von dem Glanz ab. Es bildeten sich neue Vereine, die das Dorfleben nachhaltig bereicherten und vor allem die Jugend anzogen. Trotz der harten Arbeit lernte Johanna zum ersten Mal bescheidene Vergnügungen kennen, ging aus, nahm an Dorffesten und Volkstänzen teil und sang im Kirchenchor.

Anders als oben, abgeschieden am Berg, war hier zuweilen wirklich etwas los. Für damalige Verhältnisse eben. „Ich erinner' mich gern zurück, wie es früher war in Nussdorf", schrieb Johanna Raudaschl später. „Da ist noch kaum ein Auto durch den Ort gefahren. Da waren nur die Rösser und Leiterwagen oder die Ochsengespanne unterwegs. Aber manchmal sind auch die recht schnell dran gewesen oder sind gar durchgegangen. Bevor aber etwas kaputt wurde oder ein richtiger Unfall passierte, hat die Tiere meistens schon wieder wer auffangen können." Das ganze Jahr war geprägt von den traditionellen Festtagen und Gebräuchen des Jahreskreises, die den Rhythmus des bäuerlichen Lebens widerspiegelten. Da gab es die kirchlichen Feste wie Fronleichnamsprozessionen oder Erntedank und die Bauernfeiertage außerhalb der Erntezeiten. Zu Dreikönig zogen die „Glöckler" von Haus zu Haus – Kinder, die, nachdem sie an der Haustüre das Glöcklerlied gesungen hatten, von den Bauern mit „Glöcklerkrapfen" beschenkt wurden. Diese herumziehende Schar war nicht besonders gekleidet und hatte mit den „Glöcklern" des inneren Salzkammergutes und ihren prächtig geschmückten Kopfbedeckungen nichts zu tun. In Nussdorf gab es großzügigere Bauern und geizigere. Man erzählt noch heute von den derben Scherzen, die einem Bauern drohten, der zu wenig oder nichts hergab.

Zu „Maria Lichtmess", an jedem 2. Februar, wenn die Tage begannen, wieder spürbar länger zu werden, musste der Bauer seine Dienstboten, die er im darauffolgenden Jahr am Hof brauchte, „anhalten", also zum Bleiben auffordern. Alle die nicht „angehalten" wurden, verließen stillschweigend den Hof, um bei einem anderen Dienstherrn um Arbeit zu fragen.

Während des Jahres trafen sich in Nussdorf Alt und Jung beim Wiesinger. Das beliebte Dorfwirtshaus war den Einheimischen Kommunikationszentrum und Informationsbörse. Bald fanden auch die ersten Sommergäste, „Herrschaften“ hat man damals gesagt, aus Linz, Wien und später aus Deutschland, ihren Weg an den Attersee. Sie kamen mit Kindern, Großeltern und Dienstmädchen und sind – wie sich Johanna Raudaschl erinnert – „meist zwei Monate geblieben. Das war noch ein ruhiger Tourismus. Die Bademode war sehr romantisch, die Anzüge der Damen hochgeschlossen, mit Rüschen um den Hals und bei den langen Ärmeln. Die Hosen waren lang und weit und gingen bis unter das Knie, wo sie mit Spitzen und Rüscherln zusammengezogen wurden. Bei Sonnenschein haben alle Strohhüte aufgehabt.“ Schien schon deren äußere Aufmachung dem Bauernkind Johanna etwas seltsam, so erst die Gebräuche der vornehmen Sommergäste. Während nämlich im fernen Wien Toiletten mit Wasserspülung in den besseren Häusern bereits Standard waren, wusste man in Nussdorf davon noch nichts. Da aber der Wiesinger-Wirt nicht als Hinterwäldler gelten wollte, brachte er am Dachboden einen Wasserbehälter an, der sich – zog dann ein Sommergast die „Spülung“ – schwungvoll durch ein Fallrohr entleerte. Die Illusion war perfekt, nur das Wasser zum Nachfüllen musste leider immer in Kübeln nach oben geschleppt werden. Eine verantwortungsvolle Aufgabe, mit der der Wiesinger natürlich sein Hannerl betraute.

Manch großes Sommerfest wurde von Einheimischen und Sommergästen gemeinsam ausgerichtet. Unter den Herrschaften gab es großzügige Gönner wie Eugen Freiherr von Ransonnet oder die Operndiva Maria Jeritza. Dank der Schönheiten der Landschaft und der Gastfreundschaft der Menschen war der Attersee vielen eine Quelle der Inspiration. So etwa auch dem Maler Gustav Klimt, der bis 1916 seine Sommeraufenthalte oftmals in der Region verbracht hatte.

Auf zu neuen Ufern

Salzkammergut-Schmankerln als Mitgift

Gern gesehener Gast beim Wiesinger war Matthias Engljähringer, seines Zeichens ebenfalls Gastwirt und Fleischhauer aus Strobl am Wolfgangsee, der oft zum Erfahrungsaustausch vorbeikam. Als er einmal Johanna fragte, ob sie nicht zu ihm kommen, bei ihm kochen wollte, musste diese nicht zweimal überlegen. Familie war da ja keine, an der sie hing, und auch sonst war das Fernweh stärker als sich leise anbahnende zwischenmenschliche Verbindungen.

Die Fahrt nach Strobl dauerte zur damaligen Zeit mit dem Fuhrwerk einen halben Tag. Der Weg dorthin schien der gut Zwanzigjährigen schon eine ziemlich weite Reise. Längst hatte nicht mehr alles in dem Holzköfferchen Platz, aber mit richtig großem Gepäck reiste Johanna Raudaschl auch nicht an, als sie ihre Kammer beim Engljähringer bezog. Mit der neuen Chefin verstand sie sich gut. Sie war jung und aufgeschlossen. Zum Putzen wurde hier nicht mehr nur mit den drei „S“ – mit Sand, Soda und Seife – hantiert. Es gab richtige Putzmittel und auch die Küche war gut ausgestattet. Bald sollte mit der fortschreitenden Elektrifizierung überhaupt ein großer Umbruch im Haushalt stattfinden. Johanna jedenfalls hatte keine Scheu vor dem Neuen. Wissbegierig nahm sie alles auf, arbeitete gewissenhaft an sich und an ihren Küchenkenntnissen weiter. Selbst mit einigen von Frauen selten ausgeführten Arbeiten wie dem Schlachten machte sie sich nun vertraut, schien es ihr doch wichtig zu wissen, welche Teile vom Rind, vom Schwein oder Schaf die Feinsten waren und wie sie beschaffen sein mussten, um ihren Geschmack bestmöglich zu entfalten.

Wo es Seen gab, wie im Salzkammergut, war auch Fisch als besondere Spezialität stets begehrt. Und hatte Johanna zwar bislang schon Fische zubereitet, so lernte sie in Strobl doch neue Varianten, neue Gewürze und Zutaten kennen. Diese Mitgift sollte ihr später bei den ausgewiesenen Fischliebhabern im Hause Trapp noch sehr zugutekommen.

Johanna Raudaschls Rezeptsammlung jedenfalls gewann in dieser Zeit an Umfang und Inhalt. Daneben notierte sie auch Alltägliches und weniger Alltägliches, ja nachgerade Absonderliches: „In der Nacht“, so schrieb sie einmal, „klopfte es an mein Kammerfenster. Ich bin zu

Die 16-jährige Johanna während ihrer Ausbildung.

Tode erschrocken!" Kein Wunder, lag das Engljähringer-Haus doch unmittelbar neben dem Friedhof, und Johannas Fenster ging direkt zu den Gräbern hinaus. Eigentlich eine ruhige Gegend. „Sollten nun die Toten auferstehen? Ich wagte mich kaum zu rühren. Als das Klopfen immer kräftiger wurde und es mit dem Schlaf sowieso vorbei war, ging ich ans Fenster und sah ein Grabkreuz. Ein hölzernes. Eines vom Grab eines erst kürzlich Verstorbenen. Ich war wie gelähmt, denn die Stimmen, die ich hörte, wollten so gar nicht zur Friedhofsruhe passen. Jemand rief „Hannerl!" Und so nahm ich halt allen Mut zusammen, machte das Fenster auf und schaute hinaus. Unten standen einer der Gesellen und noch zwei weitere Arbeiter aus der Fleischhauerei. Sie hatten so lange gefeiert, dass nun das Haustor verschlossen war und sie nicht herein konnten. So hatten sie kurzerhand das Grabkreuz aus dem frischen Erdhügel gezogen und damit ans Fenster geklopft." Schnell öffnete ihnen Johanna von innen das Haustor und huschte zurück in ihre Kammer. Zum Glück blieb es bei dem einen Mal, und dass sie dem Meister gegenüber Stillschweigen darüber bewahrte, rechnete man ihr hoch an.

Am 9. November 1928 trat Johanna Raudaschl auf eigenen Wunsch wiederum eine neue Stelle an. Vom Attersee über den Wolfgangsee ging es nun an das Ufer des Mondsees und diesmal nicht mehr in eine Gastwirtschaft, sondern sozusagen privat, als Köchin und Wirtschafterin, zum Sägewerk Hollweger nach St. Lorenz. Dort hatte sie den ganzen Haushalt selbstständig zu führen und täglich mehrmals für 20 bis 30 Personen zu kochen. Dass sie diese Aufgabe mit besonderem Fleiß erfüllte, bestätigte ihr ihre neue Dienstgeberin Grete Hollweger gern. Auch, dass sie sich darüber hinaus durch „anständiges Benehmen" auszeichnete:

In ihrer Eigenschaft, für 20 bis 30 Personen zu kochen, den ganzen Haushalt ganz selbständig zu führen, hat sich Johanna Raudaschl auch durch besonderen Fleiss und Treue, sowie anständiges Benehmen mein vollstes Vertrauen erworben, so dass ich sie jedermann auf das Beste empfehlen kann.

Grete Hollweger

Ihre freien Tage verbrachte Johanna, wenn es nur möglich war, am Attersee: in Unterach, wo sie am 2. März 1930, einem Sonntag und dem 10. Todestag der Großmutter, eine Messe lesen ließ. Und auch nach Nussdorf zog es Johanna immer wieder. Der Grund lässt sich nur erahnen, doch hatte sie sich damals vermutlich schon in einen jungen Erbhofbauern verliebt.

Erneut begannen zu dieser Zeit politische Ereignisse auf das Leben der Johanna Raudaschl Einfluss zu nehmen. Stärker noch als je zuvor. Waren die Auswirkungen des Ersten Weltkriegs in der ländlichen Abgeschiedenheit des Holzberggutes noch weniger spürbar gewesen, so musste sie nun ganz unmittelbar die Schatten, die die Weltwirtschaftskrise und das dämmernde Dritte Reich vorauswarfen, erfahren. Ab 1929 wurden auch in Österreich viele Fabriken geschlossen. Die Zahl der Arbeitslosen stieg ins Unermessliche. Der Fremdenverkehr ging zurück. Hatte in den 20er-Jahren der Tourismus im Salzkammergut und in den Gebirgsregionen Oberösterreichs und Salzburgs gut floriert, so führten nun Wirtschaftskrise und politische Unsicherheit zu schweren Rückschlägen. Täglich wurden Arbeiter beim Hollweger vorstellig, die um Beschäftigung baten, egal welcher Art. Und nicht nur gelernte Holzarbeiter, auch viele Gastwirte waren darunter. Einstmals wohlhabende Hoteliers aus dem Gasteinertal verdingten sich als Tagelöhner. Der Hollweger nahm viele auf und Unfälle waren bei dem ungeübten Personal bald an der Tagesordnung. Alles lief zusammen bei der Haushälterin, bei Johanna Raudaschl, die gleichsam zur Sanitäterin und Samariterin wurde und einem jeden auch immer ein warmes Essen hinstellte.

Georg Ritter von Trapp, geboren am 4. April 1880 im heutigen Kroatien, gestorben am 30. Mai 1947 in Boston/USA.

Adelige Gäste kamen kaum mehr in die Region. Auch wenn der Adel offiziell 1919 abgeschafft worden war, so haftete gewissen Kreisen doch immer noch der Zauber des Besonderen an, und das sollte – Verbot hin oder her – wohl noch eine Weile so bleiben. Dass sich also im Herbst 1930 Baron von Trapp zur Jagd im Salzkammergut aufhielt, war allenthalben Tagesgespräch. Viele verehrten Georg Ritter von Trapp, den mit allen nur erdenklichen Orden, Medaillen und Auszeichnungen seiner Zeit geehrten Kommandanten der k. u. k. U-Boot-Flotte im Ersten Weltkrieg. Auch wusste man, dass er, nach dem Tod seiner ersten Frau Agathe Whitehead erst jüngst wieder verehelicht, eine kleine Tochter, sein achtes Kind, bekommen hatte und zu Hause in Salzburg ein herrschaftliches Anwesen mit vielen Bediensteten führte. Dass Johanna Raudaschl dem Baron vorgestellt, dieser sie gar nach Salzburg einladen und ihr spontan in seinem Hause eine Anstellung in Aussicht stellen würde, erschien der nunmehr 25-Jährigen als wunderbare Fügung des Schicksals und Erfüllung all ihrer Träume.

Störfilet in der Papilote mit Kräutern

600 g	Störfilet (alternativ Wels oder Hecht), Haut abgezogen
3–4 EL	gemischte Kräuter (Petersilie, Rosmarin, Salbei, Thymian, Dill), fein gehackt
5	Sardellenfilets (in Öl eingelegt)
	Butter
	Salz, Pfeffer

Störfilet salzen, pfeffern und mit den fein gehackten Kräutern einreiben. Pergamentpapier mit Butter bestreichen und Störfilet einlegen. Papier von oben wie eine Tasche aufrollen und mit Küchengarn fest verschließen.

Im Backrohr bei 180 Grad 15–20 Minuten garen.

Sardellenfilets fein hacken und in wenig Butter leicht anschwitzen. Pergamentpapier nach der Garungszeit oben der Länge nach öffnen, Fisch mit Sardellenbutter überziehen und nun nicht mehr verschließen. Noch fünf Minuten im Rohr weiterbraten.

Dazu passen als Beilage hervorragend Brokkoli und Petersilerdäpfel.

Einstand im Hause Trapp

Mit neuem Hut und „lichtem Kleid“

Es waren wechselvolle Zeiten, die die Familie Trapp damals durchlebte. 1925, drei Jahre nach dem tragischen Tod seiner Frau Agathe Whitehead, war Baron Georg Ritter von Trapp mit den sieben Kindern – Rupert, Agathe, Maria, Werner, Hedwig, Johanna und Martina – über einige Umwege schließlich nach Salzburg gezogen. Die Familie wohnte in einer schönen großen Villa etwas außerhalb im Stadtteil Aigen. Die beiden ältesten Schwestern Agathe und Maria teilten sich ein geräumiges Zimmer, ausgestattet mit zwei Schreibtischen, an denen sie nachmittags ihre Hausübungen erledigten. Die großen Kinder Rupert, Werner, Agathe und Maria waren aus dem Alter, ein Kindermädchen zu brauchen, längst herausgewachsen. Für Ordnung im Hause sorgten eine energische Haushälterin und weiteres Personal, das oben im zweiten Stock des Hauses in eigenen Räumen untergebracht war. Tochter Maria ging es damals gesundheitlich nicht gut. Das Mädchen hatte nach einer zurückliegenden Scharlacherkrankung noch immer Herzprobleme und konnte nur mit Mühe den 45-minütigen Schulweg zum Gymnasium der Ursulinen bewältigen. Schließlich wurde sie zu schwach, um überhaupt am Unterricht teilnehmen zu können, was ihren besorgten Vater auf die Idee brachte, eine Privatlehrerin für sie anzustellen.

Maria Augusta Kutschera, damals 21 Jahre alt, kam ins Haus, um die Tochter zu unterrichten. Sie verließ für dieses Engagement, vermeintlich nur für zehn Monate, „leihweise“ das Benediktinerinnenkloster Nonnberg, wo sie ihre Postulantinnenzeit absolvierte, während sie gleichzeitig an der dortigen Bürgerschule Lehrerin und Erzieherin war. Schließlich sollte sie aber nie mehr in das Klosterleben zurückkehren. Im Kloster war Maria Augusta stets mit ihrem zweiten Namen „Fräulein Gustl“

Johanna Raudaschl 1931, als sie bereits in Salzburg bei der Familie Trapp tätig war.

angesprochen worden, da eine andere Postulantin „Fräulein Maria" hieß. „Fräulein Gustl" also wurde von Baron von Trapp in die Villa nach Aigen geholt und verbrachte viele Stunden zunächst nur mit der ihr als Schülerin anvertrauten Maria. Später unterrichtete sie auch die kleine Johanna von Trapp. Mit der übrigen Familie traf sie anfänglich nur zu den Mahlzeiten zusammen. Allmählich begann sie, weil die Kinder ja alle so musikbegeistert waren und mit ihrem Papa immer schon gern und viel musiziert hatten, ihnen Volkslieder beizubringen.

Die Beziehungen vertieften sich. Am 26. November 1927 heiratete der 47-jährige Baron Georg von Trapp die um 25 Jahre jüngere Maria Augusta Kutschera in der Kirche von Stift Nonnberg. 1929 und 1931 wurden zwei weitere Töchter, Rosmarie und Eleonore, genannt „Lorli", geboren. 1939 kam Sohn Johannes Georg als zehntes Kind zur Welt.

Wechselvolle Jahre, wie gesagt, und eine scheinbar bekannte Geschichte. Eine Geschichte, die oft erzählt, verändert und – sehr zum Leidwesen der Betroffenen – stark verfremdet wurde. In genau jene Zeit nun fiel es, dass meine Großmutter Johanna Raudaschl in die Dienste der Trapps trat: 1931. Trotz aller weltpolitischen Umbrüche für den Kreis der Familie ein einigermaßen gutes Jahr. Ein Jahr, in dem viele Aufregungen hinter ihnen, viele Veränderungen aber noch vor ihnen lagen. Ein Jahr, geprägt von Ansehen und noch relativem Reichtum, aber auch von Dankbarkeit und Demut. Ein Jahr voller Rückschau und dunkler Vorahnungen.

Die Hochzeit der Trapps
am 26. November 1927 im Stift Nonnberg.

Schon am 8. April 1931 war Johanna Raudaschl erstmals nach Salzburg gefahren. Sie hatte, wie sie penibel in ihrem Notizbüchlein unter „Ausgaben" vermerkte, sieben Schilling für die Fahrkarte bezahlt, und sich in der Stadt mit Baron von Trapp getroffen, um die Einzelheiten ihrer Anstellung zu vereinbaren. 80 Schilling im

Monat sollte sie bekommen, was ihr bei freier Kost und Logis und in Anbetracht der hohen Arbeitslosigkeit durchaus angemessen erschien. Klar und präzise formulierte der Baron seine Vorstellungen und Johanna schlug ein. Oder besser: Sie reichten sich förmlich die Hand, und Kapitän von Trapp – einmal Seemann, immer Seemann – hieß sie herzlich willkommen „an Bord". Den restlichen Tag verwendete Johanna dazu, die Stadt zu erkunden, die, wie sie wusste, ob ihrer vielen Kirchen oft das „Rom des Nordens" genannt wurde. Viel hatte sie schon von Salzburg gehört. Nun erstmals hatte sie Gelegenheit, sich selbst ein Bild zu machen. Fast ehrfürchtig besuchte sie Gotteshaus um Gotteshaus. Tiefgläubig, wie sie war, wollte sie dafür danken, eine so gute Stelle gefunden zu haben und verband auf ihrem Stadtrundgang durch Salzburg das Angenehme, die beeindruckenden Besichtigungen, mit dem ihr persönlich Notwendigen: dem aufrichtigen Dank nach oben.

Rund zwei Monate und einige Tage später, am Samstag, dem 6. Juni 1931, zog das „Hannerl", wie sie auch hier bald von allen gerufen wurde, in die Villa in Aigen ein: in das größte und vornehmste Haus, das sie je von innen zu Gesicht bekommen hatte. Ein Haus voller Perserteppiche und schwerer alter Möbel, ausladender Treppenaufgänge und unzähliger Türen. Ähnlich wie Johanna mag es wohl Maria Augusta Kutschera ergangen sein, als diese sechs Jahre zuvor erstmals ins Haus gekommen war, um ihre Stellung anzutreten. Beide hatten sie bis dahin nie in einer Großfamilie gelebt, nie in so vornehmer Umgebung gewohnt. Ob vom Lande oder aus dem Kloster, das Trapp-Anwesen machte Eindruck! Johanna jedenfalls kam sich in den hohen Räumen erst einmal ganz klein, verloren und ein wenig unpassend vor. Dabei hatte sie sich extra für den Einstand einen neuen Hut – um 16 Schilling – und ein neues, „lichtes Kleid" um 29 Schilling geleistet.

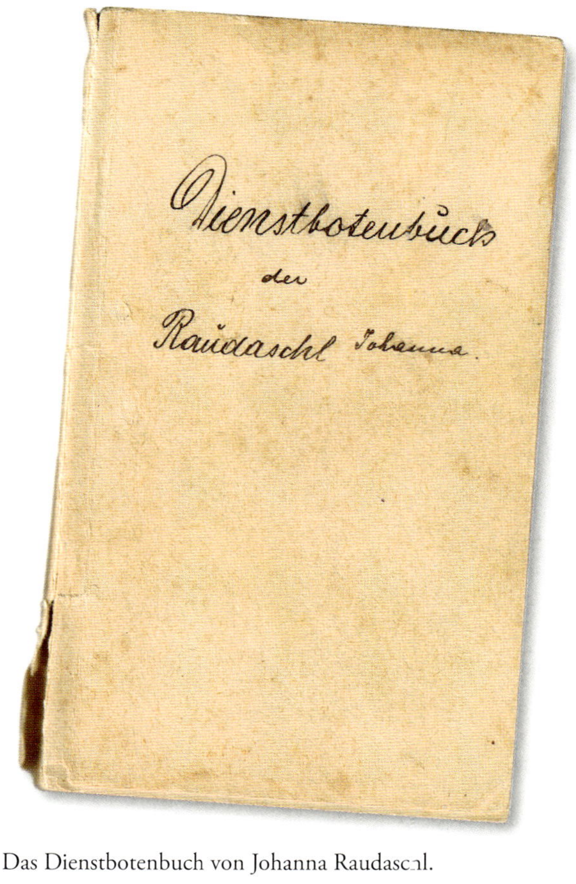

Das Dienstbotenbuch von Johanna Raudaschl.

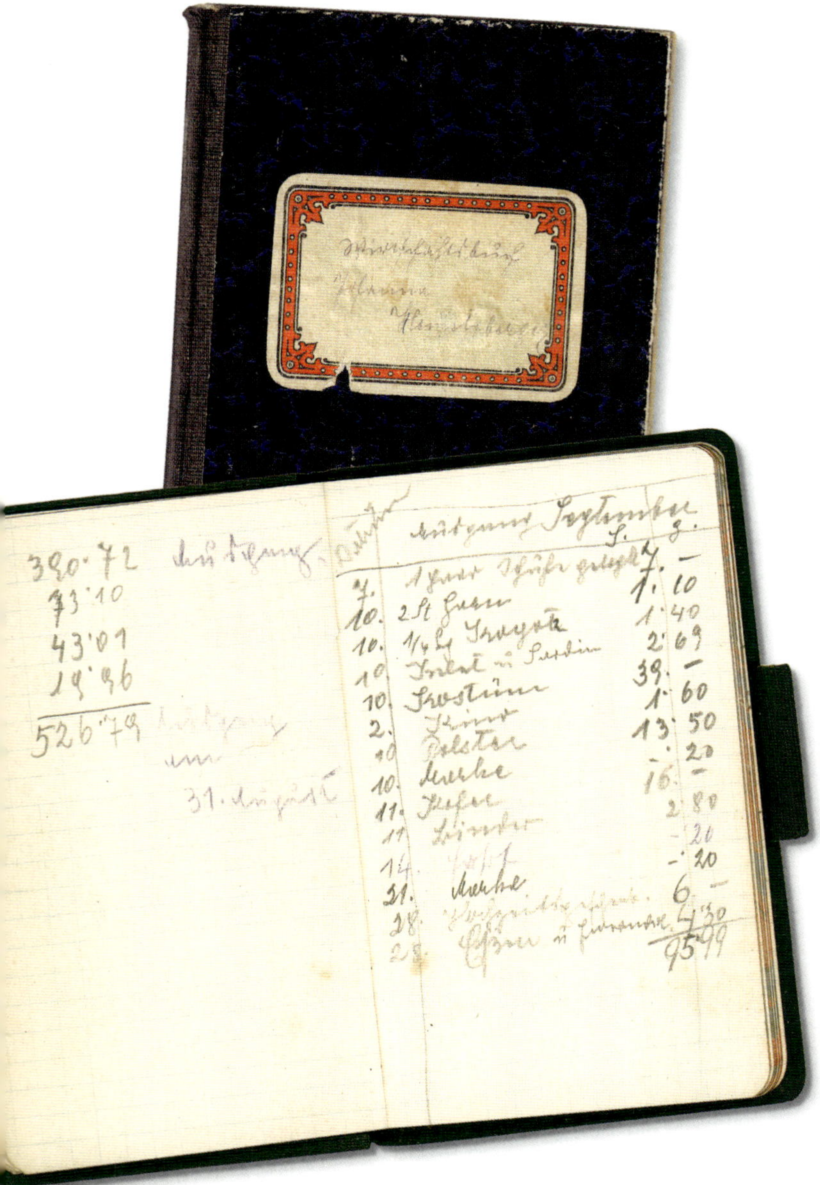

Johanna Raudaschl pflegte jede Ausgabe in ein kleines Notizbuch einzutragen. Am 10. September 1931 dürfte die junge Köchin in Kauflaune gewesen sein, denn sie gab 39 Schilling für ein neues Kostüm aus.

Warum, so fragte sie sich, war gerade sie ausgewählt worden, wo doch so viele auf diese Stelle aus gewesen waren? Glück? Vorsehung? Wie auch immer. Nun war sie da und wollte ihr Bestes geben. Köchinnen hatten die Familie schon vorher versorgt. Viel war die Rede von einer gewissen Resi, einer schrulligen ehemaligen Schiffsköchin, die mit ihren Piratengeschichten alle stets gut unterhalten hatte. Manch eine Köchin sollte noch folgen, aber man würde mit IHR zufrieden sein. Das war das Ziel, das sich Johanna Raudaschl damals setzte, dem sie treu blieb und das sie schließlich auch erreichte.

Nur kurz vor Johannas Dienstantritt hatte Baronin von Trapp im Mai 1931 ihre zweite Tochter Eleonore zur Welt gebracht. Sie hatte Lorli, wie zuvor schon Rosmarie, daheim unter der fachkundigen Anleitung ihrer Hebamme Frau Vogel entbunden. Erstaunlich schnell war es bei Eleonore gegangen. Ein Wesenszug, der dem ungestümen Kind auch später noch anhaften sollte. Der Fürsorge für das Neugeborene und deren zweijähriges Schwesterchen widmete die junge Mutter – hingebungsvoll assistiert von der 14-jährigen Hedwig – viel Zeit und Aufmerksamkeit. Ebenfalls in diesem Frühjahr 1931 hatten die beiden ältesten Geschwister Rupert und Agathe ihre Schulausbildung abgeschlossen. Ihr Vater schickte sie „hinaus in die Welt, um“, wie er sagte, „ihren Horizont zu erweitern“. Sie verbrachten beide einige Wochen bei Verwandten ihrer verstorbenen Mutter im Süden Englands, sodass eine Weile nur sechs Kinder – Maria, Werner, Hedwig, Johanna, Martina und Rosmarie – zu verköstigen waren. Diese jedoch begannen schnell, Hannerls Kost zu schätzen und in den höchsten Tönen zu loben. Sie spekulierten sogar, wie Großmutter schelmisch überlieferte, dass der arme Rupert und die arme Agathe im fernen England wohl eher ungewohnte Kost vorgesetzt bekämen, während daheim neben köstlichen Fleisch- und Fischgerichten auch immer wieder Apfelstrudel und andere beliebte Mehlspeisen auf den Tisch kamen. Die Arbeit in der Küche war gehobener und solcherart anspruchsvoller als alles Bisherige.

Hier ging es ruhig, geordnet und gediegen zu. Und wenn es auch immer viel zu tun gab und die Arbeitstage der Johanna Raudaschl lang waren, so liebte sie doch die Atmosphäre des Hauses. Sie mochte die Musik und den Gesang. Abends, wenn sich die Familie um den offenen Kamin versammelte, spielte Baron von Trapp die erste Geige, Maria und – nach seiner Rückkehr aus England – Rupert begleiteten ihn am Akkordeon. Agathe spielte wie Baronin Maria Augusta die Gitarre und die jüngeren Mädchen erlernten das Violinspiel. Händel, Haydn oder Corelli waren neben Mozart die musikalischen Stammgäste. Johanna mochte die Kinder, die sie freilich in dem weitläufigen Anwesen öfter zu hören als zu sehen bekam – es sei denn, sie kamen auf eine Kostprobe in der Küche vorbei.

Johanna Raudaschl verstand sich gut mit dem übrigen Stab, neun Dienstboten an der Zahl: dem Hausdiener, den Stubenmädchen, den Küchenhilfen, dem Gärtner und einem englischen Fräulein. Der Baron begegnete ihr wohlwollend reserviert. Nur selten ergab sich ein Wortwechsel, der über ein devotes Kopfnicken und „Grüß Gott" von Johannas Seite und einer freundlichen Erwiderung des Grußes durch den Hausherrn hinausging. Mit der temperamentvollen, charmanten, um fünf Monate jüngeren Baronin Maria Augusta von Trapp aber verband Johanna eine sehr wertschätzende, fast freundschaftliche Beziehung. Bald schon habe sie Lorli – der Name Eleonore erschien viel zu lang für so ein winziges Wesen – erstmals im Arm halten dürfen, erzählte sie voller Rührung: „Ein entzückendes Kind mit dunklen Locken und munteren dunklen Augen." Und langsam aber sicher begann sich Johanna nach eigenem Nachwuchs zu sehnen.

Maria Augusta von Trapp schien auch deshalb Johannas Anwesenheit so zu schätzen, da ihr selbst der Haushalt, wie sie offen eingestand, nicht sehr lag und sie froh war, genug verlässliches Personal um sich zu haben. Ihre Kindheit hatte Maria Augusta – da ihre Eltern früh verstorben waren – im Pensionat verbracht und auch das abgeschiedene Klosterleben war nicht gerade dazu angetan gewesen, sie mit den Grundsätzen der Hausarbeit oder dem Kochen vertraut zu machen. Das änderte sich natürlich im Laufe der Jahre. Als Baronin von Trapp wuchs sie in ihre Aufgabe als Familienmutter und Hausherrin gleichsam hinein, eignete sich einiges an theoretischem Wissen aus Büchern an, war aber auch dankbar für jede Hilfestellung, die sich ihr darbot. Und Johannas schier unerschöpflicher Rezeptreichtum an „einfachen und feineren Speisen“ war eine jener Inspirationsquellen, aus denen sie nur zu gerne schöpfte.

Viel mehr als den Haushalt liebte Baronin von Trapp es, mit den Kindern im Freien zu sein, mit ihnen Volleyball zu spielen oder lange Wanderungen zu unternehmen. Die Kinder, besonders die tüchtige, zielstrebige Maria, gerieten darob oft in Bedrängnis, blieb doch bei all den Aktivitäten kaum Zeit für ihre Hausübungen. Auch Johanna musste sich ihre Arbeit gut einteilen, ließ sich aber in vielem vom

Die Familie Trapp wenige Monate vor ihrer Flucht in die USA.

Hausgebrauch anstecken. So entdeckte sie ebenfalls das Wandern für sich und erklomm, wie sie stolz vermerkte, am 31. Juli erstmals zu Fuß den beliebten, sagenumwobenen Salzburger Hausberg, den fast zweitausend Meter hohen Untersberg.

Daneben und zunächst noch ganz leise begann in Johanna der Wunsch zu keimen, eine eigene Familie zu gründen und viele Kinder zu haben. Dieser Wunsch entstand angesichts einer familiären Geborgenheit, die sie selbst, weil sie wie ein Einzelkind aufgewachsen war, nie gekannt und doch immer so schmerzlich vermisst hatte.

Einen Heiratskandidaten hatte sie seit den Lehrjahren beim Wiesinger in Nussdorf wohl schon ins Auge gefasst. Immer wieder führten jedenfalls ihre Wege dorthin zurück und mit schöner Regelmäßigkeit steht auch diesen ereignisreichen Sommer 1931 über in ihren Aufzeichnungen zu lesen, wohin das Herz sie lenkte: „9. August, Fahrt nach Nussdorf", „18. August, Fahrt nach Nussdorf", „28. August, Fahrt nach Nussdorf", „14. September, Fahrt nach Nussdorf". Auch die bei aller Sparsamkeit vergleichsweise hohen Ausgaben für „Briefpapier", „Kuverts", „Karten" und „Marken" schlagen beredt zu Buche.

Apfelkuchen in der Rein mit Streuseln

Streusel

Butter mit Zucker, Vanillezucker, Salz und Zimt schaumig rühren, Mandeln und Mehl dazumischen und kühlstellen.

Teig

Butter, Zucker und Vanillezucker gut abrühren, nach und nach die Eier zugeben. Mehl mit Backpulver vermischen und in die Masse sieben. Mit so viel Milch vermengen, bis ein lockerer Teig entsteht. Apfelwürfel mit Kochlöffel vorsichtig untermengen. Masse in eine gebutterte und bemehlte Form von ca. 25 x 20 cm einfüllen und im vorgeheizten Rohr bei 170 Grad 15 Minuten backen.

Streusel mit den Händen verkrümeln, mit den Mandelblättchen über den Kuchen streuen und weitere 25–35 Minuten fertig backen. Gesamtbackzeit 40–50 Minuten.

Apfelkuchen

350 g	Äpfel, geschält, großwürfelig geschnitten und mit Zitronensaft durchzogen
250 g	Mehl, glatt
150 g	Butter
150 g	Staubzucker
3	Eier
125 ml	kalte Milch
1 Pkg.	Vanillezucker
1 Pkg.	Backpulver

Streusel

90 g	Butter, sehr weich
90 g	Kristallzucker
45 g	Mandeln, gerieben
65 g	Mehl, griffig
Prise	Salz
Prise	Zimt, gemahlen
3 EL	Mandelblättchen
½ Pkg.	Vanillezucker

150 g	Mehl, glatt
150 g	Mehl, griffig
15 g	Germ, frisch oder 5 g Trockengerm
45 g	Staubzucker
125 – 200 ml	Milch/Schlagobers, je zur Hälfte gemischt
1 EL	Sauerrahm
	Salz
	Butter für die Buchtelpfanne
1	Ei
80 g	Butter, flüssig zum Bestreichen
1/2 Glas	Powidl oder Marillenmarmelade, mit etwas Rum vermischt

Meine Großmutter hat, wenn sie das Haus kurzfristig verlassen musste und gerade einen Germteig „gehen" ließ, immer Trittlinge (Holzschuhe) neben die große Teigschüssel gestellt. Nur für den Fall, dass der Germteig „gehen" wollte!

Buchteln

Für die Buchteln, auch „Wuchteln" genannt, Mehl zusammenmischen und durch ein Sieb stauben, damit das Mehl ganz fein wird. Germ mit 1 TL Staubzucker, 3 EL lauwarmer Milch und ein wenig Mehl zu einem Dampfl vermischen. Mit einem Tuch zugedeckt an einem warmen Ort ca. 30 Minuten gehen lassen.

Restliche Zutaten mit dem Kochlöffel unter das Dampfl mengen und mit dem Kochlöffel so lange schlagen, bis der Teig glatt geworden ist und Blasen wirft. Den Teig mit einem Tuch bedecken und nun nochmals eine halbe Stunde ruhen lassen.

Eine Buchtelpfanne am Rand mit Butter ausstreichen und den Boden gut mit flüssiger Butter bedecken.

Germteig auf einer bemehlten Arbeitsfläche ca. halbfingerdick auswalken und mit einem Ausstecher von 5–6 cm Durchmesser Kreise ausstechen. Ca. 1 TL Powidl oder Marillenmarmelade auf die Mitte des Teigkreises geben und den Teig verschließen. Mit dem zusammengeschlagenen Ende nach unten in die flüssige Butter tauchen und in die Pfanne schlichten. Diesen Vorgang wiederholen, bis die ganze Pfanne voll ist.

Buchteln nochmals zugedeckt 20 Minuten gehen lassen und mit flüssiger Butter bestreichen. Das Backrohr auf 180 Grad vorheizen und die Buchteln ca. 25–30 Minuten auf der unteren Schiene des Rohrs backen. Am Ende der Backzeit nochmals mit flüssiger Butter bestreichen.

Die frischen noch warmen Buchteln mit Staubzucker bestreuen und mit Vanillesoße servieren.

Rindsuppe mit Grießstrudel

Suppengemüse mit Zwiebelhälften, Rinds- und Markknochen in einem großen Topf mit 2 l kaltem Wasser aufstellen und zum Kochen bringen. Suppe salzen und Suppenfleisch einlegen, leicht wallend und nicht zugedeckt ca. 2–3 Stunden weich kochen lassen.

Fleisch herausnehmen und separat verwenden. Suppe abseihen und mit Salz fertig abschmecken.

Grießstrudel

Butter mit Eidotter gut abrühren, mit Sauerrahm und Grieß vermischen. Die Masse ca. 30 Minuten zugedeckt rasten lassen. Danach Eiklar mit einer Prise Salz steif schlagen und unter die Masse heben.

Butter erwärmen und die Petersilie anlaufen lassen. Den vorbereiteten Strudelteig mit der Butter-Petersilienmischung bepinseln, die Grießmasse aufstreichen und den Teig zusammenrollen.

Strudel auf ein mit Backtrennpapier ausgelegtes Blech legen, mit Ei bestreichen und im vorgeheizten Rohr bei 180 Grad goldgelb backen.

Strudelschnitten in der Suppe servieren und mit Schnittlauch garnieren.

Suppe

1	Zwiebel, halbiert, an der Schnittfläche gut angebräunt
500 g	Suppenfleisch vom Rind (Schulter, Beinfleisch o. Ä.)
200 g	Rinds- und Markknochen

Wurzelgemüse, grob geschnitten (Gelbe Rübe, Petersilwurzel, Knollensellerie, Lauch, Petersilie)

1	Lorbeerblatt
10	Pfefferkörner
3	Wacholderbeeren
1	Prise Muskatnuss
	Salz
	Schnittlauch

Grießstrudel

40 g	Butter
2	Eier
125 ml	Sauerrahm
1 EL	Petersilie, fein gehackt
100 g	Grieß
1 Prise	Salz
	Strudelteig
25 g	Butter

Brustkarreestück mit Mandelkrenkruste

600 g	Brustkarree (Rippenstück vom Rind)
1 EL	Butter

Mandelkren

250 ml	Rindsuppe
40 g	Semmelwürfel
2 TL	Schlagobers
1	Ei
1	Eidotter
3 EL	Kren (aus dem Glas)
1 EL	Mandeln, gerieben
2 EL	Mandelblättchen
	Butter
	Kren, frisch gerieben
	Schnittlauch

Brustkarree in einer Rindsuppe weichkochen (etwa drei Stunden). In einer Bratenpfanne etwas Butter zerlassen und gekochte, in Scheiben geschnittene Brustkarreestücke einlegen.

Für den Mandelkren Rindsuppe, Semmelwürfel und Schlagobers aufkochen und mit dem Stabmixer gut durchmixen. Noch einmal aufkochen und anschließend Kren, geriebene Mandeln, Ei, Eidotter und Mandelblättchen mit dem Schneebesen unterziehen. Brustkarreestücke auf der Oberseite mit dem Mandelkren dick bestreichen. Ein wenig flüssige Butter darüberträufeln. Bei 220 Grad Oberhitze im Rohr goldbraun überbacken.

Dazu passen knackiges Wurzelgemüse, Rahmkohl und Erdäpfel. Mit etwas frisch geriebenem Kren und Schnittlauch bestreut servieren.

Salzburger Nockerl

Diese ursprüngliche Art, Salzburger Nockerl in der Pfanne zuzubereiten, ist schon fast in Vergessenheit geraten.

Eiklar und Dotter trennen, die Butter schmelzen, Milch mit dem Vanillezucker leicht erwärmen. Eiklar in einer großen Schüssel mit dem Zucker zu einem festen Schnee schlagen. Die Eidotter mit der Hälfte der geschmolzenen Butter, der Hälfte der Vanillemilch und dem Mehl vorsichtig unter den Schnee mischen.

Restliche Butter in einer Eisenpfanne erhitzen, Masse eingießen und mit einem Deckel zudecken. Wenn die Masse an der Unterseite leicht gebräunt ist, mit einer Schmarrnschaufel große Nocken abstechen, wenden und zugedeckt backen, bis auch die andere Seite eine leichte Bräunung annimmt. Restliche Vanillemilch angießen und noch kurz stehen lassen, damit die Milch einzieht und die Nocken noch etwas aufgehen.

Mit Staubzucker bestreuen und sofort servieren.

3	Eier
1 EL	Mehl
1 EL	Kristallzucker
60 g	Butter
125 ml	Milch
1 Pkg.	Vanillezucker

Hollerröster mit Zwetschken

500 g	Hollerbeeren (Holunder)
100 g	Kristallzucker
4 EL	Honig
1	Zimtstange
5	Gewürznelken
	Saft einer halben Zitrone
125 ml	Wasser
250 g	Zwetschken, halbiert und entkernt
ca. 1 EL	Maisstärke
4 cl	Rum

Hollerbeeren von den Dolden zupfen. Wasser mit Kristallzucker, Zimtstange, Gewürznelken, Honig und Zitronensaft aufkochen. Gewürze wieder herausnehmen. Hollerbeeren und Zwetschken dazugeben und einkochen, bis die Zwetschken weich sind.

Um eine sämige Konsistenz zu erzeugen, Maisstärke mit Rum anrühren und den Hollerröster damit eindicken.

Hollerröster eignet sich gut als Beigabe zu Salzburger Nockerln und allen Topfenmehlspeisen.

Tipp: Um den Geschmack abzurunden, kann der Hollerröster noch mit geriebenem Apfel oder geriebener Birne verfeinert werden.

Für d' Herrschaft und für d' Leut

... und doch sind alle Menschen gleich

Gerade einmal rund 40.000 Einwohner zählte Salzburg 1931. Die Stadt wirkte den Winter über ruhig und verschlafen. Im Sommer aber mauserte sie sich schon damals alljährlich zur „Weltstadt der Musik“. Mit einem kulturellen Leben wie hier, speziell wie im Hause Trapp, war Johanna Raudaschl noch nie zuvor in Berührung gekommen. Im Juli und August war die Stadt voll mit Künstlern und Musikliebhabern aus aller Herren Länder, die den bereits 1920 gegründeten Festspielen die Ehre gaben. Rund 60.000 auswärtige Besucher zählte man 1931, und errechnete aus deren Ausgaben – „im Schnitt 100 Schilling pro Person“ – für Salzburg und Österreich Einnahmen von sechs Millionen. Überschminkte vieles im Grunde nur die wahren Probleme der Zeit, so war es doch prägend für das weitere Leben meiner Großmutter, dabei gewesen zu sein – wenngleich nur ganz am Rande.

1931 wurde der 175. Geburtstag von Wolfgang Amadeus Mozart gefeiert: mit fünf seiner Opern auf dem Spielplan, darunter drei Neuinszenierungen. Alexander Moissi spielte – wie sich bald herausstellen sollte – letztmalig den „Jedermann“ auf dem Domplatz. Stars wie Arturo Toscanini, Richard Strauss, Bruno Walter oder Lotte Lehmann waren vor Ort. Lotte Lehmann sollte mit ihren Verbindungen und dem legendären Ausspruch, die Trapp-Kinder sängen aus „goldenen Kehlen“, später noch wegweisend für die Karriere der singenden Trapp-Familie werden.

Viel Festspielprominenz, Künstler wie Publikum, gaben sich in der noblen Villa in Aigen ein Stelldichein. Nahe und ferne Verwandtschaft wurde eingeladen oder lud sich ganz einfach selbst ein. Das Ehepaar von Trapp nahm regen Anteil an gesellschaftlichen Anlässen, stand oftmals als Gastgeber in deren Mittelpunkt. Mit ihrer außergewöhnlichen Persönlichkeit zog Baronin Maria Augusta die Menschen an. Sie hatte eine besondere Ausstrahlung, „Charisma“ würde man das wohl heute nennen, und sie genoss die Aufmerksamkeit sichtlich, die ihr allenthalben zuteilwurde, während sich der Baron lieber im Hintergrund hielt.

Oft machte es die Baronin mit ihren festen Überzeugungen ihrer Umgebung nicht leicht. Sie lehnte jeglichen Alkoholkonsum ab, wie auch das Rauchen. Diese strikte Ablehnung beruhte nicht auf allgemeinen gesundheitlichen Vorbehalten, davon war damals nichts bekannt. Es waren nur eben ihre persönlichen Vorbehalte und auf diesen beharrte sie nachdrücklich. Dazu kam, dass Maria Augusta von Trapp nach einer verschleppten Erkrankung, die sich ihr „auf die Nieren geschlagen“ hatte, jahrelang gezwungen gewesen war, eine Diät einzuhalten: kein Fleisch, keine Eier, nur wenig Salz oder Gewürze. Johanna Raudaschl wusste natürlich darum und hielt sich an die ihr erteilten „Auflagen“. Obwohl sie also selbst nicht gerade ein Genussmensch war und so manches nicht essen durfte, ließ es sich die Baronin nicht nehmen, täglich die Speisenfolge persönlich zu bestimmen und das Essen für „d’ Herrschaft und für d’ Leut“ gemeinsam mit ihrer Köchin auszuwählen.

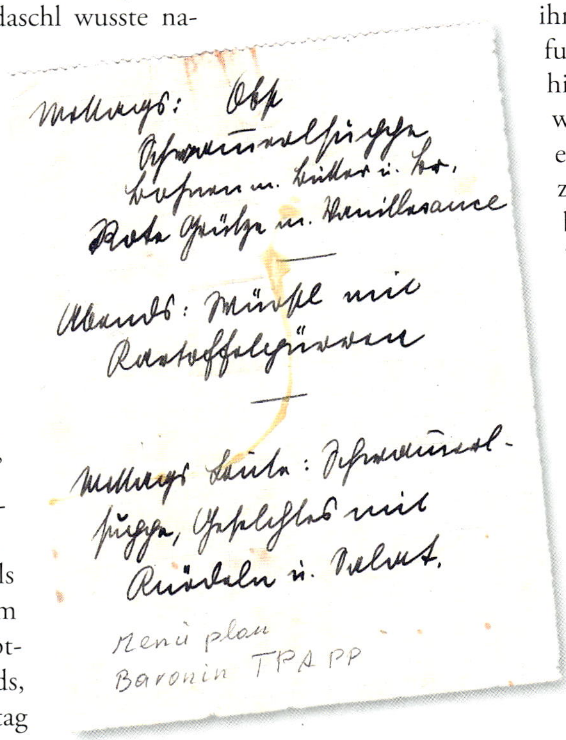

Ein Notizzettel von Maria Raudaschl, auf dem sie das Mittagsmenü für die „Herrschaft“ und die „Leut“ vermerkte.

Dies geschah oftmals erst reichlich spät am Morgen, wobei die Hauptmahlzeit nicht abends, sondern bereits zu Mittag eingenommen wurde. Erst spät also erfuhr Johanna, ob Gäste der Familie beim Essen Gesellschaft leisten würden und was gewünscht wurde. Leicht konnte es sein, dass sich überraschend Besuch angesagt hatte und sich die Schnitzerln, welche die Baronin am Vortag beim Fleischhauer bestellt hatte, als nicht ausreichend erwiesen. Dann war es selbst in einer Stadt wie Salzburg gar nicht so einfach, noch schnell etwas Gutes aufzutreiben.

Nichtsdestotrotz schwang sich Johanna Raudaschl, wie sie oft und gerne erzählte, auf ihr klappriges Radl und fuhr der Salzach entlang hinein in die Stadt. Irgendwie schaffte sie es immer, ein Essen nicht nur rechtzeitig, sondern auch von bester Qualität auf den Tisch zu bringen. Die alteingesessene Fischhandlung am Hanuschplatz oder die Marktstandln am Grünmarkt waren stets Garanten für beste Ware. Je nach Jahreszeit boten die Walser Gemüsebauern ihr Sortiment feil, und private Sammler verkauften – um sich in den schlechten Zeiten ein bisserl Geld zu verdienen – günstig selbst gepflückte Schwammerl oder frische Heidelbeeren, von denen „alles ganz blau“ war.

An manch einem dieser Tage begann Johanna Raudaschls Dienst schon um fünf Uhr morgens und endete erst in den Abendstunden. Trotz guter Organisation und vieler hilfreicher Geister war das Kochen für Gesellschaften eine beträchtliche Herausforderung – immens zeitaufwendig und auch körperlich anstrengend. Zuweilen rührte Johanna in bis zu zehn Kochtöpfen gleichzeitig.

Zwar gab es im Haus schon elektrisches Licht und sogar einen modernen Gaskocher, um zwischendurch schnell etwas zu erwärmen, doch das Gros der Speisen wurde auf dem großen Herd, der zentral in der Küche stand, zubereitet. Dieser Herd wurde noch mit Holz befeuert und natürlich fehlte ein Temperaturregler. Das hatte so seine Tücken. Da bedurfte es schon einiger Übung, um alles genau auf den Punkt zu garen und nichts anbrennen zu lassen.

Eines der Heiligenbildchen aus den Kochbüchern von Johanna Raudaschl.

Nahm man später Johanna Raudaschls Kochbücher von damals zur Hand, so fanden sich in den abgegriffenen Bänden nicht nur ihre Rezepturen, sondern allerlei Heiligenbildchen als Beistand, flüchtig beschriebene Notizzettel und vergilbte Zeitungsausschnitte. Einer davon sei stellvertretend zitiert, da er viel über den Geist von damals preisgibt, ebenso aber den Charakter der Köchin unterstreicht, die stets um Weiterbildung bemüht war und darum, für die ihr Anvertrauten das Beste zu geben: „Elektrisch Kochen“, heißt es da in einem Artikel vom 14. November 1931 aus der Tageszeitung „Salzburger Chronik“. „In aller Stille verstärkt sich auch in Salzburg der Kampf zwischen Elektrizität und Gas um die Vorherrschaft in der Küche, nachdem als Beleuchtungsmittel das Gas schon so ziemlich von dem weit bequemeren elektrischen Licht verdrängt wurde. Am Freitag, 13. November 1931 fand im Kurhaus ein elektrisches Schaukochen statt, unter Mitwirkung von Frau Wimmer, die sich als erste Elektroköchin Salzburgs schon verdient gemacht hat. Der ganze Werdegang einer elektrisch zubereiteten Mahlzeit wurde vorgeführt. 1½ Kilogramm Schweinebraten, Reis, Kompott und als Mehlspeise eine Biskuitroulade wurden in kaum zwei Stunden vorzüglich fertig gekocht und den Anwesenden als viel begehrte Kostprobe überreicht.“ Ob Johanna Raudaschl selbst unter diesen „Anwesenden“ war? Wohl eher nicht. Wie aufgeschlossen sie die Entwicklungen und Veränderungen ihrer Zeit verfolgte und daran Anteil nahm, belegen die sorgsam archivierten Zeilen allemal.

Aber so ein elektrischer Herd war im Hause Trapp noch Zukunftsmusik und das Kochen deshalb höchst beschwerlich. Was nichts daran änderte, dass jeweils, bevor das Essen für „die Herrschaft“ aufgetragen wurde, auch „die Leut“, also die Angestellten, separat verköstigt werden mussten. Deren Mahl war zumeist ein anderes, einfacheres. Es bestand aus einer Suppe und höchstens einem weiteren Gang, während Familie und Gäste sich noch auf eine „Mehlspeise“ freuen durften, die im Anschluss im Salon eingenommen wurde. Erst dann kam es, wie sich Johanna Raudaschl später erinnerte, zu Tischgesprächen, während es beim Essen um den schweren Eichentisch herum meist sehr schweigsam zugegangen war.

Johannas Erfahrungen in vornehmen Häusern waren nicht groß, im Grunde hatte sie gar keinen Vergleich, doch erwähnte sie stets, wie offen und ehrlich die Wertschätzung gewesen sei, die ihr für ihren Einsatz am Herd entgegengebracht wurde und wie sehr sie sich darüber gefreut hatte. Dieses Lob bedeutete ihr viel und sie vermutete dahinter einen ganz speziellen Wesenszug der Baronin: Selbst aus einfachen Verhältnissen, hegte Maria Augusta noch lange Zeit erhebliche Vorbehalte gegenüber dem Adel und jenen, die von sich meinten, etwas Besseres zu sein. Für Maria Augusta waren alle Menschen ebenbürtig. Ob Familie oder Personal, sie legte Wert darauf, alle gleich zu behandeln. Gleich streng, gleich konsequent. In den Anfangsjahren hatte ihre Art für allerlei Irritationen gesorgt, gab es doch in ihrer angeheirateten Verwandtschaft eine Reihe adeliger Familien, die herrschaftliche Häuser, ja Schlösser, besaßen. Erst allmählich konnte sie zu ihrem eigenen Erstaunen feststellen, dass auch „diese Aristokraten“, wie sie sie nannte, im Grunde ganz normale, umgängliche und warmherzige Menschen waren, weit nicht so abgehoben, wie sie befürchtet hatte. Eine Lebenserfahrung, die schließlich dazu führte, dass auch Maria Augusta selbst den Titel einer „Baroness“ für sich gelten ließ.

„Frau Baronin“ sollte sie auch Johanna Raudaschl nennen, wenngleich diese eben glaubte, hinter der gestrengen Fassade ihrer Dienstgeberin zuweilen noch den einstigen glühenden Freigeist durchblitzen gesehen zu haben. Jenen Geist, der schon die ehrwürdige Äbtissin des Klosters Nonnberg einst bewogen hatte, der Postulantin „Fräulein Gustl“ bei aller zugestandenen aufrichtigen Gottesfürchtigkeit eher einen weltlichen Lebensweg anzuempfehlen. Ein Rest verbliebener Unangepasstheit manifestierte sich jedenfalls darin, dass Frau Baronin von Trapp, um den Zucker in ihren Kaffee zu geben, anstatt der silbernen Zuckerzange lieber die Finger verwendete …

Kalbsragout mit Pilzen

Zwiebel in der Butter goldgelb rösten, in Würfel geschnittenes Kalbfleisch kurz mitrösten, bis das Fleisch rundherum leicht angebraten ist. Tomatenmark, Senf, Zitronenabrieb und Salz untermengen und sofort mit Weißwein aufgießen. Suppe dazugeben und mit geschlossenem Deckel bei schwacher Hitze 20–30 Minuten weich dünsten. Geschnittene Pilze beifügen und ein paar Minuten schwach köcheln lassen. Schlagobers mit einem TL Mehl verrühren und das Ragout damit binden. Mit einer MSP Muskatblüte, Pfeffer und fein gehackter Petersilie verfeinern.

Kalbsragout mit Kohlsprossen, Erbsenreis, Semmelknödeln oder Erdäpfeln als Beilage servieren.

600 g	Kalbfleisch
1	mittelgroße Zwiebel, fein gehackt
2 EL	Butter
1 EL	Tomatenmark
1 EL	Senf
200 g	Pilze (Steinpilze, Eierschwammerl oder andere Pilze), grob geschnitten
125 ml	Weißwein
250 ml	Rind- oder Kalbssuppe
1 TL	Mehl
125 ml	Schlagobers
	Petersilie
	Salz, Pfeffer, Muskatblüte
	geriebene Schale von ¼ Zitrone

Kabeljau in der Soße

In einem Bräter Zwiebel leicht in Butter anrösten. Petersilie und Majoran beigeben und sofort mit Fischfond aufgießen. Salz, Zitronenzesten und Muskatblüte beigeben. Fisch salzen, pfeffern und in den Bräter setzen. Zugedeckt im Rohr bei 160 Grad etwa 30 Minuten garen. Fisch gelegentlich mit Soße übergießen.

Kabeljau in Tranchen schneiden und mit Petersilerdäpfeln, Blattspinat, Zucchinigemüse oder geschmorten Paradeisern anrichten.

600 g	Kabeljau (in einem Stück mit Karkasse)
2 EL	Butter
	Schale einer halben Zitrone, in Zesten geschnitten
1	Zwiebel, fein gehackt
1 TL	Majoran, frisch gehackt
2 EL	Petersilie, gehackt
½ TL	Muskatblüte
250 ml	Fischfond
	Salz, Pfeffer

500 g	Heidelbeeren
3	Eier
70 g	Staubzucker
1 Prise	Salz
140 g	Mehl
200–250	ml Milch
	Butter zum Herausbacken

Heidelbeernocken

Zucker und Eidotter mit dem Handmixer schaumig rühren. Mehl, Salz und so viel Milch dazugeben, bis ein dickcremiger Teig entsteht. Anschließend die Heidelbeeren hineinmengen. Zuletzt den steif geschlagenen Schnee unterziehen.

Pfanne mit reichlich Butter erhitzen und mit dem Löffel einzelne Teignocken einlegen. Nocken mit ca. 6–8 cm Durchmesser beidseitig leicht braun backen. Mit Staubzucker bestreuen und sofort auftragen.

Schokoladentorte (Chokolad-Torte)

Torte

130 g	Butter
100 g	Staubzucker
85 g	Stärkemehl
5	Eier
120 g	Schokolade (Kuvertüre mit 70 % Kakaoanteil)
½ Pkg.	Backpulver
1 Prise	Salz
1 EL	Kristallzucker

Schokoladenglasur

4–6 EL	Milch
75 g	Staubzucker
100 g	Kuvertüre oder Kochschokolade
20 g	Butter

Butter und Staubzucker schaumig rühren, nach und nach die Dotter beifügen. Stärkemehl mit Backpulver vermischen und unter die Masse rühren. Die im Rohr erweichte und nicht mehr warme Schokolade unter die Masse mischen. Zum Schluss den mit einer Prise Salz und einem EL Kristallzucker fest geschlagenen Schnee vorsichtig unterheben.

In eine gebutterte und bemehlte Form (22–24 cm Durchmesser) einfüllen und im vorgeheizten Rohr bei 170 Grad auf mittlerer Schiene rund 40 Minuten backen.

Nach dem Auskühlen aus der Form stürzen, mit feiner Marillenmarmelade bestreichen und mit Schokoladenglasur überziehen.

Diese Masse kann auch in einer Rehrückenform gebacken werden. Dann jedoch die Masse um ein Drittel reduzieren!

Für die Glasur Milch, Staubzucker und Schokolade in einem kleinen Topf auf dem Herd bei geringer Hitze warm werden lassen und gut verrühren. Zum Schluss Butter einrühren und Torte mit Glasur überziehen.

Klosterkipferl

Mehl und Butter abbröseln. Germ in Milch auflösen (ergibt eine cremige Paste), anschließend Dotter, Zucker, Salz und Germmasse gut in die Mehl-Buttermischung einarbeiten. Teig an einem kühlen Ort ca. 1 Stunde rasten lassen.

Den Teig 5 mm dick auswalken, Dreiecke mit 8–10 cm Seitenlänge ausschneiden, mit ½ TL Brombeermarmelade füllen. Teig einrollen und Kipferl formen, auf das mit Backtrennpapier belegte Blech legen. Kipferl gehen beim Backen noch auf und sollten daher auf dem Blech genügend Abstand haben. Im auf 160 Grad vorgeheizten Rohr auf mittlerer Schiene ca. 15–20 Minuten goldgelb backen, auskühlen lassen.

3 Eiklar mit einem Schuss Zitronensaft zu einem nicht zu steifen Schnee schlagen. Masse in einen Spritzbeutel mit mittlerer Tülle einfüllen und fingerdick auf die ausgekühlten Klosterkipferl aufspritzen. Mit grobem Kristallzucker bestreuen und im vorgeheizten Rohr bei 220 Grad Oberhitze goldgelb überbacken.

210 g	Mehl, glatt
210 g	Butter
3	Dotter
1 EL	Zucker
1 MSP	Salz
20 g	Germ
1–2 TL	Milch
3	Eiklar
1 Schuss	Zitronensaft
	Brombeermarmelade
	grober Kristallzucker zum Bestreuen
	Mehl zum Auswalken des Teiges

Teestangerl

Alle Zutaten auf einem Brett zu einem Teig verarbeiten, Teig ausrollen und Stangerl formen, die in Länge und Durchmesser etwa einem Stift entsprechen. Diese mit Wasser bestreichen und mit Kristallzucker oder Zimt bestreuen. Bei 170 Grad etwa 8–10 Minuten goldgelb backen.

100 g	Butter
100 g	Staubzucker
200 g	Mehl
1	Eiklar
	etwas geriebene Zitronen- oder Orangenschale
	Kristallzucker
	Zimt

Pignolikipferl

Eiklar über Dampf mit einer Prise Salz und Kristallzucker aufschlagen. Dabei den Kristallzucker ganz langsam dem Schnee beimengen und so lange schlagen, bis die Masse warm und cremig ist. Danach noch ca. 5 Minuten kalt weiter schlagen.

Mandeln unterrühren und Masse in einen Spritzsack mit runder, mittelgroßer Tülle füllen. Backblech mit Backtrennpapier belegen und Kipferl aufspritzen. Dicht mit Pignoli bestreuen. Im Backrohr bei 110 Grad etwa 60–70 Minuten backen.

Nach dem Herausnehmen des Blechs aus dem Rohr ein paar Minuten warten, da sich dann die Kipferl leichter vom Papier lösen!

3	Eiklar
150 g	Kristallzucker
1 Prise	Salz
100 g	geriebene Mandeln
200 g	Pignoli (geschälte Pinienkerne)

Im Gleichklang mit der Trapp-Familie

Feste feiern, wie sie fallen

Ihre stille, bescheidene Art und ihr freundliches Wesen zeichneten Johanna Raudaschl aus. Rund ums Jahr fügten sich ihre Kochkünste wunderbar in die Abfolge der Festtage und der Gebräuche des katholischen Kreises ein, wie sie im Hause Trapp durch Baronin Maria Augusta eingeführt und von der Familie bald angenommen worden waren. Erst mit ihr hatten viele Veränderungen und neue Lebensgewohnheiten Einzug gehalten. Baron von Trapp war, wie es heißt, erst durch seine Heirat mit ihr zum Katholizismus konvertiert. Johanna Raudaschl aber musste sich nicht umstellen. Streng an religiösen Werten orientiert waren für sie Fleiß, Sparsamkeit und Aufopferungsbereitschaft ohnehin ganz selbstverständlich. Die hier hochgehaltenen und gepflegten Traditionen waren immer schon die ihren gewesen, ebenso wie eine innige, den Alltag bestimmende Religiosität. Dieser Gleichklang mit Baronin von Trapp war mit die Grundlage der besonderen Beziehung zwischen den beiden so unterschiedlichen und doch in manchen Belangen seelenverwandten Frauen.

Neben dem Kirchenjahr waren es auch in der Stadt die ehernen Naturgesetze des Werdens und Vergehens, die in gewisser Weise die Speisenfolge vorgaben. Ein Teil der weitläufigen Parkanlagen rund um die Trapp-Villa wurde landwirtschaftlich genützt. Es wurden Gemüse und Obst angebaut und in Verschlägen, von den Söhnen selbst gezimmert, glückliche Hühner gehalten. An Zutaten wurde in der Küche immer nur verwendet, was gerade auf den Feldern wuchs oder der Jahreszeit entsprach. Und damit diese Zutaten so lang als möglich erhalten blieben, gab es neben dem „kalten Keller" noch eine Vorratskammer, groß und geräumig wie ein kleiner Kaufmannsladen, mit unzähligen Schubfächern und Regalen. Über all dem lag ein geheimnisvoller Duft. Eine Mischung aus getrockneten Kräutern und Pilzen, Knoblauch und Zwiebeln, die zu Zöpfen geflochten von der Decke hingen. In großen Gläsern wurden eingekochte Marmeladen, Kompotte, Gurken und Rote Rüben aufbewahrt und warteten auf ihren Einsatz.

Da lagerten Dörrapfelscheiben, Zwetschken und Walnüsse. Das Eiergestell war stets prall gefüllt, sodass nicht gespart werden musste.

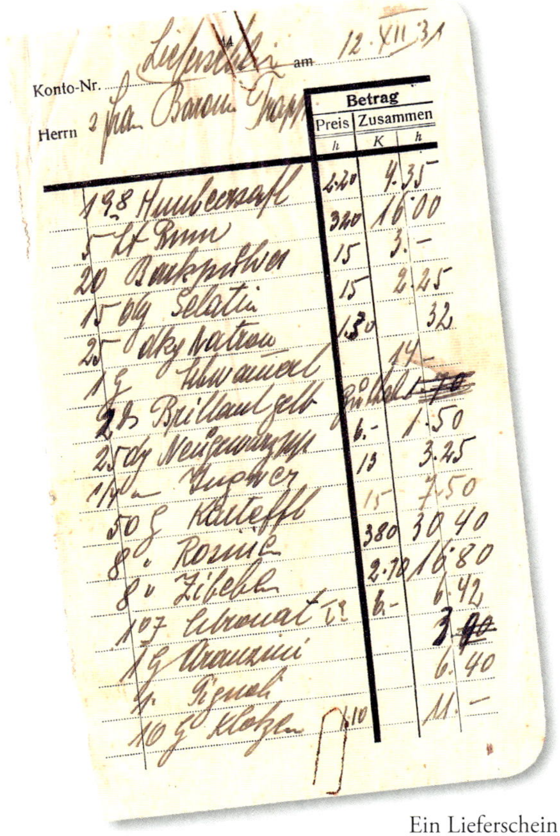

Ein Lieferschein aus dem Hause Trapp.

Zehn bis zwölf Eier in einen Teig zu schlagen, war trotz aller Genügsamkeit in der damaligen Küche gang und gäbe. Dank der Hühnerschar im Garten war man schließlich in dieser Hinsicht Selbstversorger. Weder Eier noch Hühnerfleisch schlugen sich aufs Haushaltsbudget und so stand oft Huhn in allen nur erdenklichen Varianten auf dem Speiseplan. Köstliche Hühnergerichte ließ Johanna Raudaschl sich einfallen.

War das Essen bereitet, so wurde im Hause Trapp eine Glocke geläutet, und alle kamen zu Tisch. Das mit dem Pfeiferl – dass der Baron einem jeden Kind eine Tonfolge zugedacht hatte – das hat sich, wie Johanna Raudaschl bestätigte, wirklich so zugetragen. Nur war es nicht ein militärisches Kommando, sondern ein liebenswerter Lockruf, den sich der Vater im weitläufigen Anwesen für seine Kinder hatte einfallen lassen. Zum Essen aber wurde nie gepfiffen, sondern eben geläutet. Und selbst zu Zeiten, in denen alle Glocken schwiegen, vom Gründonnerstag bis zum Ostersonntag, ersetzte nicht der Pfiff, sondern eine hölzerne „Ratschen" den Glockenton. Das Osterfest hatte Johanna zwar noch nicht mit der Familie gefeiert, doch erfuhr sie, dass es am Gründonnerstag immer eine frische „grüne" Frühlingskräutersuppe gab. Dieser Tradition wusste sie eine weitere Zubereitungsart hinzuzufügen, die dann auch außerhalb der österlichen Fasttage guten Anklang fand.

Ausflüge waren für die Familie an der Tagesordnung. Wie für Johanna zählte für den Baron, die Baronin und die Kinder das Fahrrad zu den liebsten Fortbewegungsmitteln. Schon der Weg zur Schule wurde täglich mit dem Rad zurückgelegt und im Sommer zuvor waren alle gar mit den Rädern bis Pola, dem heute zu Kroatien gehörenden Pula, gefahren. Fünf Tage hatte die Fahrt in jene Hafenstadt in Istrien gedauert, in der Baron Georg von Trapp vormals als Kapitän der k. u. k. U-Boot-Flotte lange Jahre stationiert gewesen war. Das Gepäck, so hatte die staunende Johanna erfahren, war mit dem Zug zum Urlaubsziel verfrachtet worden. Ein Onkel hatte dafür Sorge getragen. Ein derartiges Abenteuer stand in diesem Sommer 1931 zwar nicht mehr auf dem Programm, doch die Fahrradausflüge in die nähere und weitere Umgebung waren zahlreich. Da galt es, in der Küche für vorgefertigten Proviant zu sorgen, sodass sich die Familie unterwegs verköstigen konnte. Frisch gebackenes Brot war beliebt, doch nichtsdestotrotz freuten sich alle bei ihrer Rückkehr nach Hause auf ein kräftigendes Essen. Weil Johanna ja nie genau wusste, wann die erschöpfte Schar wieder angeradelt kommen würde, stand vorsichtshalber immer ein Topf mit Essen auf dem Herd und köchelte geduldig auf kleiner Flamme vor sich hin.

Der Herbst kam und damit die Jagdzeit. Schon in ihrer Jugend hatte Johanna eine besondere Vorliebe für die Zubereitung eines herbstlichen Wildbrets gehegt. Adelige Jagdgesellschaften waren den Bauern stets willkommene Gelegenheit gewesen, sich ein kleines Zubrot zu verdienen, noch dazu eines, das sowohl aus dem begehrten Bargeld für ihre Dienste, als auch aus Naturalien bestand. Mit Stockschlägen und lauten Rufen mussten sie das Wild aufscheuchen und es der Jagdgesellschaft vor die Flinte treiben. Auch wurden gern ortskundige, erfahrene Helfer angeheuert, um das geschossene Wild im unwegsamen Gelände zu bergen. Dafür gab es dann Geld und nicht selten ein Stück von Reh oder Hirsch für den heimischen Kochtopf. Wenn Baron Georg von Trapp in diesem Herbst 1931 seine Kinder verließ, die er mehr als alles auf der Welt liebte, so deshalb, um sich einer dieser Jagdgesellschaften anzuschließen. Der Jagd galt neben der See seine Leidenschaft.

Eine solche Jagd war es auch gewesen, bei der sich die Wege des Barons und der Johanna Raudaschl gekreuzt hatten. Der angesehene Sägewerksbesitzer Hollweger aus St. Lorenz am Mondsee war im Jahr zuvor, im Herbst 1930, mit einer hochrangigen Gesellschaft auf der Pirsch gewesen, der unter anderen Baron von Trapp angehört hatte. Nach erfolgreicher Jagd hatte der Hollweger zum sogenannten „Schüsseltrieb", einer für die Salzkammergutregion typischen, suppenähnlichen Wildspeise geladen, die niemand so schmackhaft zuzubereiten wusste wie seine Köchin Johanna. Und zum Lohn seiner Gastfreundschaft sollte er sie an den Baron verlieren, der sie am liebsten vom Fleck weg mit nach Salzburg genommen hätte. So viel Zeit, eine halbwegs geeignete Nachfolgerin für seinen großen Haushalt zu finden, hatte Baron von Trapp dem Hollweger schließlich noch einräumen müssen und so zog Johanna eben erst ein halbes Jahr später nach Salzburg.

Wie die Monate vergingen, reihte sich Festtag an Festtag. Fast kein Tag, der im Kalender der katholischen Kirche nicht seine Bestimmung gehabt hätte: die Feste des Herrn, Marienfeiertage, Gedenken an Apostel und Heilige. Das jeweils auf den achten Tag nach Fronleichnam fallende „Herz Jesu Fest" hatte Maria Augusta von Trapp zum „Familienfest" erwählt. Nach einer gemeinsamen Messfeier wurde bei einem ausgiebigen Frühstück über Vergangenes und

Zukünftiges gesprochen. Später, als dann die Familie weltweit als Chor auftrat, sollte an diesem Tag ein jedes Mitglied die Möglichkeit haben, den Verbleib für das kommende Jahr zuzusagen, oder eben Abschied zu nehmen – was freilich wenige taten, sodass das Familienensemble rund 20 Jahre lang bestehen blieb. 1931 wurde aber nur Hausmusik gemacht, war das Singen nicht Einkunftsquelle, sondern Quelle der Freude. Zu „Herz Jesu" wurden Pläne für die Zukunft geschmiedet – für Ruperts Medizinstudium und Agathes künstlerische Ambitionen. Schon im Wissen darum, dass alles schließlich ganz anders kommen sollte, erinnerte sich Johanna Raudaschl später mit Wehmut an die hoffnungsfrohe Aufbruchsstimmung der Zusammenkunft an diesem 12. Juni, nur wenige Tage nach ihrem Dienstbeginn.

Und dann waren natürlich die Geburtstage ganz besondere Feste, die ob der großen Kinderzahl bei Trapps häufiger anfielen, als in den meisten anderen Häusern. Kaum ein Monat verging ohne Geburtstagsfest. Der Tag wurde herausgehoben aus dem Alltag, durch ein besonderes Lieblingsessen, durch festliche Kleidung, Rituale oder althergebrachte Traditionen. Baronin von Trapp legte großen Wert darauf, einem jeden Kind den Geburtstag als Fest zu gestalten. Gefeiert wurde schon am Vorabend. Alle im Haus – Familie, Personal und allenfalls Gäste – nahmen im Halbkreis um einen runden, weiß gedeckten Tisch Aufstellung, auf dem Geschenke und eine Geburtstagstorte mit brennenden Kerzen standen. Von einem jeden der Runde bekam der junge Jubilar oder die Jubilarin sodann eine zur Jahreszeit passende Blume überreicht, sodass daraus am Ende ein ansehnliches Sträußlein wurde. Nun sollte er oder sie sich einen Wunsch ausdenken und mit einem Atemzug alle Kerzen ausblasen.

Böhmische Knödel

Semmeln würfeln und in Butter leicht anrösten. 1–2 EL Milch leicht erwärmen und mit Germ, Kristallzucker und ein wenig Mehl zu einem „Dampfl“ (Vorteig) vermischen, auf das Doppelte aufgehen lassen.

Kalte Milch, Eier, Mehl, Petersilie, Salz und Muskat rasch zu einem Teig verarbeiten, Dampfl dazugeben und mit den gerösteten Semmelwürfeln vermengen. Masse an einem warmen Ort 15 Minuten gehen lassen.

Zwei Küchentücher jeweils auf einer Seite mit Butter bestreichen. Die Masse in zwei Rollen formen und locker einrollen, sodass diese noch ein wenig aufgehen können. Auf beiden Seiten mit Küchengarn verschließen. 15 Minuten rasten lassen. In einem großen Topf in reichlich Salzwasser leicht siedend ca. 45 Minuten ziehen lassen. Knödel herausnehmen, Küchentücher entfernen, Knödel in Tranchen schneiden und in Butter auf beiden Seiten leicht anbraten.

4	Semmeln (vom Vortag)
1	Ei
50 g	Butter
1 MSP	Kristallzucker
10 g	Germ
1–2 EL	Milch, lauwarm
250 ml	Milch, kalt
75 g	Mehl, glatt
	Prise Muskat, Salz
	Petersilie, gehackt
	Butter zum Bestreichen der Küchentücher und Anbraten der fertig gekochten Knödel

Rotweinbirne

Reife Birnen schälen, halbieren und das Kerngehäuse mit einem kleinen Löffel oder Kugelausstecher aushöhlen. In einem Topf Rotwein, Portwein, Nelken, Zimt, Ingwer und Zucker auf die Hälfte einkochen. Die Weinlösung durchseihen, mit einem kräftigen Schuss Cassislikör mischen und noch heiß über die Birnen gießen (die Birnenhälften sollten bedeckt sein). Zugedeckt mindestens 2 Tage ziehen lassen, dabei die Birnen öfter wenden. Vor dem Servieren nochmals leicht erwärmen und mit Preiselbeermarmelade füllen.

2	Birnen
250 ml	Rotwein
125 ml	roter Portwein
	Cassislikör (Likör aus Schwarzer Johannisbeere)
4	Nelken
1	Zimtstange
1 EL	Zucker
1–2	Scheiben Ingwer

500 g	grüne Paradeiser
300 g	weiße Zwiebeln
50 g	Salz
1 EL	Senfkörner
1 EL	schwarze Pfefferkörner
1	Lorbeerblatt
3 TL	Zucker
250 ml	weißer Essig
625 ml	Wasser

Paradeis-Kraut

Das Paradeis-Kraut schmeckt vorzüglich als Beilage zu kalten Jausen.

Paradeiser und Zwiebeln sehr feinblättrig schneiden. Salz in Wasser auflösen, Paradeiser und Zwiebeln damit übergießen und eine Nacht stehen lassen. Am nächsten Tag abgießen.

Essig, Wasser, Senf, Pfefferkörner, Lorbeerblatt und Zucker aufkochen lassen. Paradeiser und Zwiebeln in Gläser abfüllen und mit der Essig-Mischung übergießen, sodass das Gemüse vollständig bedeckt ist.

Gläser schließen und in noch warmem Zustand in einen großen Topf stellen, mit Wasser bedecken und 10 Minuten kochen lassen. Das so sterilisierte Paradeis-Kraut hält lange Zeit frisch.

Tipp: Bei Verwendung von weißem Balsamessig schmeckt das Paradeis-Kraut noch milder!

Paprikahuhn

2	junge Hühner oder Hühnerteile (1,2 bis 1,5 kg)
3 EL	Öl
200 g	Zwiebeln, fein geschnitten
100 g	Selchspeck, fein geschnitten
20 g	Rosenpaprikapulver
	Schale einer Zitrone
1 EL	Tomatenmark
500 ml	Suppe
125 ml	Sauerrahm
125 ml	Schlagobers
2 EL	Mehl
	etwas Zitronensaft
	Salz

Hühner zerteilen und in Öl in einem großen Bräter anbraten. Hühnerteile herausnehmen und im selben Bräter Zwiebeln und Selchspeck anrösten. Paprika, Zitronenschale und Tomatenmark dazugeben, kurz durchmischen und sofort mit Suppe aufgießen. Hühnerteile einlegen und bei geschlossenem Deckel ca. 30 Minuten leicht köchelnd weich dünsten.

Hühnerfleisch herausheben und die Haut abziehen. Zitronenschale aus der Soße entfernen, Sauerrahm mit 2 EL Mehl vermischen, die Soße damit binden und mit dem Stabmixer pürieren. Schlagobers einrühren, die Soße passieren und abschließend mit Salz und Zitronensaft abschmecken. Hühnerteile wieder in die Soße zurückgeben und nochmals warm werden lassen. Mit Butternockerl als Beilage anrichten.

Bohnenfleisch

Bohnen über Nacht in kaltes Wasser legen. Zwiebel in Öl leicht anrösten, Fleisch dazugeben und anbraten. Knoblauch, Salz, Pfeffer, Kümmel, Paprika beigeben und sofort mit Wein und Rindsuppe aufgießen.

Nach etwa 20 Minuten die eingeweichten Bohnen und die Karotten dazugeben. Zugedeckt ca. 30 bis 40 Minuten köcheln lassen, bis die Karotten bissfest sind. Maisstärke in etwas kaltem Wasser auflösen und das Bohnenfleisch damit binden. Mit Creme fraiche und Petersilie verfeinern.

Dazu schmecken als Beilage vorzüglich Erdäpfel, Polenta oder Reis.

600 g	Schweinefleisch (von der Nuss) oder magerer Schweinebauch, würfelig geschnitten
3 EL	Öl
200 g	getrocknete rote Bohnen, eingeweicht
1 große	Zwiebel, fein gehackt
1 EL	Paprikapulver
1	Knoblauchzehe, gehackt
1 TL	Kümmel, gemahlen
125 ml	Weißwein
125 ml	Rindsuppe
1 TL	Maisstärke
200 g	Karotten, fein würfelig geschnitten
60 g	Creme fraiche
	Salz
	Pfeffer
	Petersilie, gehackt

Frühlingskräutersuppe

Zwiebeln in Butter glasig rösten, Mehl dazugeben und kurz anschwitzen. Gemüsesuppe und Milch beigeben und verrühren. Ca. 15–20 Minuten leicht köcheln lassen und anschließend mit dem Stabmixer pürieren. Flüssiges Schlagobers und Kräuter beigeben, würzen, erwärmen und nochmals pürieren.

Vor dem Auftragen der Suppe mit geschlagenem Obers abrunden. Als Suppeneinlage eignen sich ein „verlorenes Ei" oder geröstete Weißbrotwürfel vorzüglich. „Verlorene" (auch „pochierte") Eier werden ohne Schale in leicht siedendem, mit etwas Essig versehenen, Wasser sanft gegart.

20 g	Butter
20 g	Mehl, glatt
600 ml	Gemüsesuppe
200 ml	Schlagobers
150 ml	Milch
2 EL	Zwiebeln, fein gehackt
6 EL	Kräuter, fein gehackt nach Wahl (Basilikum, Petersilie, Schnittlauch, Dill, Zitronenmelisse, Liebstöckel, Thymian, Löwenzahn)
4 EL	geschlagenes Schlagobers
	Salz, Pfeffer

Rehrücken

Rehrücken

800 g	Rehrücken, pariert (Knochen und Fleischabschnitte für die Soße beiseite geben)
Öl	zum Anbraten
	Salz, Pfeffer

Soße

400 g	Rehknochen und Fleischabschnitte
150 g	Zwiebeln, fein gehackt
100 g	Karotten, gewürfelt
100 g	Sellerieknolle, gewürfelt
Öl	zum Anbraten
1 EL	Tomatenmark
1 EL	Steinpilzpulver
8	Wacholderbeeren
1 TL	Piment
1 EL	Pfefferkörner
1 TL	Kümmel, ganz
3 TL	Maisstärke
250 ml	Rindsuppe oder brauner Wildfond
250 ml	Rotwein
125 ml	roter Portwein
2 EL	Preiselbeeren
1 EL	Butter
	Salz, Pfeffer, Zucker

Zu Beginn wird die Soße zubereitet. In einem großen Topf gehackte Rehknochen, Fleischabschnitte, Karotten und Sellerie in Öl anbraten.

Zwiebeln beigeben und goldgelb anrösten. Tomatenmark, die Gewürze (zerdrückte Wacholderbeeren, Piment, Pfefferkörner, Kümmel) und Preiselbeeren untermengen und sofort mit Rindsuppe oder Wildfond und Rotwein aufgießen. Ca. 90 Minuten zugedeckt köcheln lassen. Soße durch ein Sieb passieren. Portwein und Steinpilzpulver hinzufügen und weitere 30 Minuten ohne Deckel köcheln lassen. Soße mit Maisstärke (diese in wenig kaltem Wasser auflösen) binden und mit Pfeffer, Salz und ein wenig Zucker abschmecken.

Zuletzt mit 1 EL kalter Butter montieren. Rehrücken salzen und pfeffern und in einer hohen Pfanne mit etwas Öl rundherum anbraten. Fleisch herausnehmen und ca. 15 Minuten rasten lassen. Soße in die Pfanne geben und aufkochen. Fleisch einlegen und ca. 5 Minuten heiß ziehen lassen.

Den Rehrücken herausnehmen und sorgfältig in Tranchen schneiden. Mit Wildsoße anrichten.

Mit Böhmischen Knödeln, Rotkraut, Kohlsprossen, Brokkoli oder Speckbohnen und Rotweinbirne als Beilagen servieren.

Wilderer-Ragout

Zwiebeln, Karotten und Sellerie würfelig schneiden. Wildfleisch salzen, pfeffern und in heißem Öl anrösten. Fleisch herausnehmen und in derselben Pfanne den Speck (im Ganzen), Karotten, Sellerie und Zwiebel anrösten. Knoblauch kurz mitrösten und anschließend Tomatenmark beigeben. Wildfleisch mit den Gewürzen und Kapern untermengen.

Mit Suppe aufgießen, Preiselbeeren beifügen und bei schwacher Hitze zugedeckt ca. 90 Minuten weich dünsten. Nach ca. 75 Minuten Garzeit Selchspeck herausnehmen, Essig, Wein und Zucker beigeben und noch 15 Minuten weitergaren. Das Wildfleisch aus der Soße heben, die Soße passieren und das Fleisch wieder beigeben. 1 EL Mehl mit Creme fraiche vermischen und die Soße damit binden.

Wilderer-Ragout mit Böhmischen Knödeln oder Erdäpfeln servieren.

600 g	Rehschlögel in ca. 3 cm große Würfel geschnitten
20 g	Selchspeck im Ganzen
½	mittelgroße Zwiebel
200 g	Karotten
200 g	Sellerie
1	Lorbeerblatt
	Thymian, Majoran
4	Wacholderbeeren
1 TL	Zitronenschale, fein gehackt
5	Essigkapern
1	Knoblauchzehe, gehackt
3 EL	Preiselbeeren
Öl	zum Anrösten
250 ml	Rindssuppe
1 EL	Essig
250 ml	Rotwein
1 TL	Zucker
1 TL	Tomatenmark
70 g	Creme fraiche
1 EL	Mehl zum Binden
	Salz, Pfeffer

280 g	Mandeln, gerieben
280 g	Butter, weich
2	Dotter
200 g	Staubzucker
	Zitronenschalen, gerieben
½ TL	Nelkenpulver
½ TL	Zimtpulver
280 g	Mehl
250 g	Ribiselmarmelade
	Oblaten

Linzer Torte

Butter und Eidotter flaumig rühren, Mandeln, Staubzucker, Zitronenschale und Gewürze dazumischen. Zuletzt das Mehl unterrühren.

Zwei Drittel des Teiges in eine gut gefettete und bemehlte Form füllen, mit Oblaten belegen, Ribiselmarmelade aufstreichen. Den restlichen Teig in einen Spritzbeutel mit mittelgroßer glatter Tülle füllen und die Torte mit einem Gitter verzieren. Bei 160 Grad Heißluft ca. 50–60 Minuten backen.

Meine Großmutter hat die Linzer Torte stets mit einem sogenannten „Eis" überzogen, damit diese nicht austrocknet. Der fein säuerliche Geschmack harmoniert hervorragend mit den anderen Zutaten.

Das „Eis" wird aus 100 Gramm Staubzucker, dem Abrieb einer halben Orange (wahlweise einer Zitrone) und einem Eiklar hergestellt und so lange vermischt, bis eine dicke cremige Masse entsteht. Dann etwas Orangensaft (oder Zitronensaft) daruntermischen und die Torte mit einem Pinsel dünn bestreichen.

Nach Belieben kann der Außenrand der Torte nach dem Bestreichen mit „Eis" mit Mandelblättchen belegt werden. Die Torte im lauwarmen Ofen nachtrocknen lassen.

Weinteig

300 g	Mehl, glatt
250 g	Butter
60 ml	Weißwein
½ TL	Salz
1	Ei
	Butter zum Bestreichen

Marillen-Topfen-Fülle

700 g	Marillen, geachtelt (kleine Marillen geviertelt)
100 g	Butter
300 g	Speisetopfen
100 g	Staubzucker
2	Eidotter
2	Eiklar
	Zimt

Tipp: Der Topfen sollte trocken sein, darum vorher eine Zeit abhängen lassen.

Marillen-Topfen-Strudel

Alle Zutaten zu einem Teig verkneten und etwa 1 Stunde gekühlt stehen lassen.

Für die Fülle Butter und Zucker mit dem Handmixer gut verrühren, anschließend Topfen, Dotter und Zimt beimischen. Mit dem Kochlöffel die Marillen und zuletzt den Schnee vorsichtig unterheben.

Anschließend den Teig auf einer bemehlten Unterlage auswalken, sodass das obere Drittel des Teiges etwas dicker ist als der restliche Teig. Marillen-Topfen-Fülle am unteren Drittel des Teiges aufstreichen, die untere Teigseite sowie die Seitenteile einschlagen und zuletzt den oberen Teigteil mit etwas Butter bestreichen und ebenfalls einschlagen, sodass die etwas dickere Teigplatte obenauf liegt.

Den Strudel gut mit Butter bestreichen und auf mittlerer Schiene im vorgeheizten Rohr bei 200 Grad 12 Minuten backen, anschließend auf 175 Grad reduzieren und weitere 20–30 Minuten backen.

Eine besondere Zeit

Advent und Weihnacht 1931 im Hause Trapp

Von all den Festen, die das Jahr über im Hause Trapp begangen wurden, war das Weihnachtsfest mit seinem Geheimnis wohl das herausragendste. Jenes Fest, das bei meiner Großmutter Johanna Raudaschl nicht nur den stärksten Eindruck hinterließ, sondern dessen feierliche Ausgestaltung sich auch am meisten von all dem unterschied, was sie bis dahin kennengelernt hatte. Das bezog sich nicht zuletzt auf den vermeintlich „bäuerlichen" Christbaum, den es tatsächlich in Johannas Kindheit und Jugend nie gegeben hatte. Christbäume waren in Wien zwar schon in der Biedermeierzeit aufgekommen, hatten sich in den Bundesländern, zumal in den ärmeren ländlichen Regionen, aber nur zögerlich durchgesetzt. Anders in der Villa Trapp. Dort wurde eine hohe Tanne geschmückt und aufgeputzt wie aus dem Märchenland – mit Bonbons und Bäckereien, kleinen roten Äpfeln, selbst gebasteltem Christbaumschmuck und Kerzen aus Wachs. Auch wenn Johanna dieses Brauchtum für sich annahm, es später in ihrem eigenen Familienkreis pflegte, so war es doch meist ein schlichter Ast, der anstelle eines stattlichen Baumes geschmückt wurde. Der Baum wäre ihr allemal zu schade dafür gewesen.

Advent 1931: Damals wurde noch vieles von Hand gefertigt und nicht in Geschäften gekauft. Kein „Schnell, schnell" störte die nötige Ruhe, das Fest gebührend vorzubereiten. Es brauchte Wochen, um Leib und Seele entsprechend auf Weihnachten einzustimmen und diese Zeit nahm man sich ganz bewusst. An den Abenden wurde im Schein der Kerzen des Adventkranzes im Familienkreis noch mehr als sonst gemeinsam gesungen: Adventlieder, keine Weihnachtslieder. Die blieben allein dem Heiligen Abend vorbehalten. Und der Duft frisch gebackener Kekse erfüllte die Luft.

Der Advent, schrieb Johanna Raudaschl später in ihren Erinnerungen, wurde zu einem besonderen Erlebnis. Auf einem kleinen Tisch stand ein leeres Kripperl und Strohhalme lagen daneben. Glaubten wir, etwas Gutes getan oder auf etwas verzichtet zu haben, durften wir einen Strohhalm in die Krippe legen. Bis zum Weihnachtsabend war die Krippe dann randvoll gefüllt mit Stroh, war doch dieser Brauch nicht nur den Kindern oder der Familie im engeren Sinne vorbehalten, sondern alle im Haus wurden bewusst einbezogen und sollten mitmachen. Das schaffte in den Wochen vor dem Fest eine allgemeine Stimmung der Vorfreude und der gegenseitigen Aufmerksamkeit.

Die Gepflogenheit, dass am Barbaratag, dem 4. Dezember, die Unverheirateten im Obstgarten draußen Kirschzweige schnitten, sie sorgfältig einwässerten, in der Hoffnung, sie würden bis zum Weihnachtsfest erblühen, kannte Johanna wohl. Öffneten sich die Blüten tatsächlich, so stand eine Hochzeit ins Haus. Glücklicherweise war es sich gerade noch ausgegangen, die Zweige ins Warme zu retten, denn vom 4. auf den 5. Dezember 1931 hielt über Nacht der Winter Einzug. Und mit ihm kam St. Nikolaus, einer der beliebtesten Heiligen und unter anderem Schutzpatron der Seeleute. Die in seiner Begleitung zuweilen erscheinenden hässlichen kettenklirrenden Krampusse waren schon damals umstritten und Johanna Raudaschl erinnerte sich später, dass es einmal heftige Diskussionen um deren Sinnhaftigkeit gegeben hatte. Ausgelöst möglicherweise durch einen Beitrag in der „Salzburger Chronik“, in dem Pädagogen mahnten: „Mit nichts versteht der Mensch maßzuhalten. Uralt sind schöne und sinnvolle Nikolobräuche. Christliches und Altheidnisches sind mitsammen eine einzigartige Vermählung eingegangen, die viele Zeitenstürme bis auf den heutigen Tag schon überdauert haben. Die Schönheit, der tiefe Sinn, der gute Zweck eines alten Brauches verliert sich aber immer mehr, je weiter er von seiner festlichen Idee abrückt. Nikolofeiern wachsen sich immer mehr zu Krampusfeiern aus. Besonders in dieser Notzeit trete die liebe, alte Gestalt des Nikolaus wieder in seine Rechte – soweit es die Zeit zulässt.“

Nun, im Hause Trapp war es selbst 1931 mit Einschränkungen möglich, St. Nikolaus „in seine Rechte treten zu lassen“. Der hohe Besuch stellte sich pünktlich ein und tat aus seinem großen Buch erstaunliches Wissen über die guten Taten aller kund, um sodann kleine Säckchen mit Süßigkeiten zu verteilen. Ermahnende Worte an die weniger Braven sollten genügen. Die umstrittene Rute und die garstigen Gesellen mussten erst gar nicht zum Einsatz kommen. Auch dem Hauspersonal waren aus diesem Anlass Kleinigkeiten zugedacht. Berührender noch und für die bescheidene Johanna Raudaschl unvergesslich, dass dann am Heiligen Abend ein Tisch mit Geschenken nicht nur für die Familie, sondern für alle „Leut“ bereitet war. Angesichts der wirklich schlechten Zeiten wohl mehr als ein Weihnachtswunder!

Christstollen

Alle Zutaten vor der Zubereitung auf Zimmertemperatur erwärmen. Germ in der lauwarmen Milch vollständig auflösen, mit ½ TL Kristallzucker und 250 Gramm Mehl verrühren. Mit Mehl bestäuben und das „Dampfl" (Vorteig) an einem warmen Ort zugedeckt ca. 30 Minuten aufgehen lassen.

Butter, Staubzucker, Salz, restliches Mehl, Eidotter, Mandeln, Zimt und Nelkenpulver verrühren und mit dem Dampfl so lange mit dem Rührwerk kneten, bis der Teig nicht mehr klebt (ca. 10 Minuten). Sollte der Teig zu fest werden, noch etwas warme Milch zugeben.

Rosinen, fein geschnittenes Zitronat und Orangeat mit dem Rum vermischen. Früchte nun in den Teig einarbeiten und nochmals 30 Minuten gehen lassen.

Teig vierteln und jeden Teil zu einem dicken Oval ausrollen. An den Längsseiten soll jeweils ein kleiner Wulst bleiben. Je 60 g Rohmarzipan zu einer Rolle drehen, die etwas kürzer ist als das Teigoval. Die Teigfläche mit wenig flüssiger Butter bestreichen, die Marzipanrolle in die Mitte legen und den Teig darüberklappen, sodass das Marzipan völlig bedeckt ist. Dadurch erhält der Stollen die typische Form. Den Teig an beiden Seiten fest zusammendrücken. Die Stollen auf ein mit Backpapier belegtes Blech legen und nochmals gehen lassen. Im vorgeheizten Rohr bei 150 Grad ca. 50 Minuten backen.

Nach dem Backen sofort mit flüssigem Butterschmalz tränken und im Zuckergemisch wälzen, um das Austrocknen zu verhindern. Abschließend mit Staubzucker bestreuen.

Für vier Stollen:

1000 g	Mehl, glatt
100 g	Hefe frisch oder
35 g	Trockengerm
400 ml	Milch, lauwarm
½ TL	Kristallzucker
300 g	Butter
200 g	Staubzucker
300 g	Rosinen
150 g	Mandeln, geschält und gemahlen
70 g	Zitronat
120 g	Orangeat
	abgeriebene Schale einer Zitrone
3	Eidotter
1 TL	Zimt, gemahlen
½ TL	Nelkenpulver
6 EL	Rum
1 Prise	Salz
240 g	Rohmarzipan
	Butter zum Bestreichen innen
300 g	Butterschmalz zum Bestreichen nach dem Backen
300 g	Staubzucker mit Vanillezucker gemischt zum Wälzen

Lebkuchen

300 g	Roggenmehl
200 g	Rohrzucker
2	Eier
2 EL	Honig
1 TL	Natron
	geriebene Schale einer ½ Zitrone
15 g	Lebkuchengewürz oder eine Mischung aus gemahlenem Zimt, Neugewürz, Muskatblüte, Kardamom und Gewürznelken

Mehl, Zucker, Natron, Lebkuchengewürze und Zitronenschale gut vermischen. Mit Eiern und flüssigem Honig zu einem glatten Teig verkneten und eine halbe Stunde rasten lassen.

Backrohr auf 160 Grad vorheizen. Backblech mit Backtrennpapier belegen. Lebkuchenteig ca. einen halben Zentimeter dick ausrollen und beliebige Formen ausstechen. Ca. 20 Minuten backen. Nach dem Backen legt man „Eis" darüber (siehe Linzer Torte, Seite 92) oder verziert den Lebkuchen anderweitig.

Schokoladentaler

2	Eiklar
140 g	Kristallzucker
1 Pkg.	Vanillezucker
100 g	Schokolade, gerieben
150 g	Nüsse, frisch gerieben

Eiklar zu einem steifen Schnee schlagen, nach und nach Zucker und Vanillezucker beigeben. Schokolade und Nüsse unterheben und daraus eine spritzfähige Masse mischen.

Masse in einen Dressiersack mit glatter Tülle füllen und Taler auf ein mit Backtrennpapier ausgelegtes Blech aufdressieren. Mit etwas Staubzucker bestreuen und im auf 160 Grad vorgeheizten Rohr ca. 15–20 Minuten backen. Nach Geschmack können die Taler mit Schokoladenglasur überzogen und mit Mandelblättchen oder gehobelten Schokospänen verziert werden.

Vanillekipferl

200 g	Butter
70 g	Staubzucker
280 g	Mehl, glatt
90 g	Mandeln, geschält und gerieben

Vanillemark von 2 Schoten
Staub-, Vanille- und etwas Kristallzucker zum Wälzen

Auf einem Brett Butter und Staubzucker gut verbröseln. Mehl, Mandeln und Mark der Vanilleschoten dazumischen und rasch zu einem glatten Teig verarbeiten. Teig in eine Frischhaltefolie einschlagen und ca. 1 Stunde im Kühlschrank rasten lassen.

Teig zu Rollen formen, kleine Stücke abschneiden und einzeln in der Hand kleine Kipferl formen. Auf ein mit Backtrennpapier ausgelegtes Backblech legen und im vorgeheizten Rohr bei 180 Grad ca. 10 Minuten backen. Die warmen Kipferl in der Zuckermischung wälzen.

240 g	Staubzucker
240 g	Nüsse (Haselnüsse und/oder Walnüsse), gemahlen
2 Eiklar	mit einer Prise Salz steif geschlagen
2 EL	Mehl, glatt
1 MSP	Zimt

Glasur

1	Eiklar
200 g	Staubzucker
1 TL	Zitronensaft

Die Konsistenz der Glasur kann je nach Geschmack durch die Beigabe von Staubzucker verändert werden.

2	Eiklar
140 g	Kristallzucker
140 g	Datteln, fein gewürfelt
140 g	Mandeln, gemahlen
	Oblaten

Nussmakronen

Staubzucker, Nüsse, Mehl und Zimt in einer Schüssel vermischen. Nach und nach Eischnee einarbeiten, bis eine glatte Masse entsteht. Masse in einen Dressiersack mit mittelgroßer glatter Tülle einfüllen und Makronen auf ein mit Backpapier ausgelegtes Backblech spritzen. Nun die Nussmakronen mit der Glasur bestreichen und jeweils in die Mitte eine ganze Haselnuss drücken.

Gebäck am besten über Nacht trocknen lassen. Anschließend im vorgeheizten Rohr, das leicht geöffnet ist, bei 160 Grad etwa 12 bis 14 Minuten backen.

Diese Nussbäckerei kann auch auf der Unterseite mit Brombeer- oder Himbeermarmelade bestrichen und zusammengesetzt werden. Es empfiehlt sich aber, die Makronen etwas kleiner herzustellen.

Dattelbusserl

Eiklar zu einem festen Schnee schlagen und langsam den Zucker beifügen. Mandeln und Datteln gut untermischen. Mit einem Teelöffel kleine Häufchen auf die Oblaten auftragen.

Im vorgeheizten Rohr bei 170 Grad ca. 15 Minuten backen, anschließend Hitze abschalten und bei geöffnetem Rohr noch 15–20 Minuten trocknen lassen.

„… in jeder Hinsicht sehr zu empfehlen“

Ein Abschied schweren Herzens

Die ganz aufgeweckten unter den Trapp-Kindern hatten es vielleicht schon bemerkt, dass das Hannerl in Gedanken manchmal woanders war. Nicht, dass sich das etwa qualitätsmindernd auf die Kost ausgewirkt hätte. Doch sah man sie manchmal in einer Ecke der Küche eifrig schreiben und dann nachmittags noch eilig ein Kuvert zur Post bringen. Ein paar Tage später kam dann die ersehnte Antwort. Verschämt trug sie den in auffallend schöner Handschrift geschriebenen Brief in ihrer Küchenschürze verborgen. Ob ihre am Barbaratag eingewässerten Kirschzweige tatsächlich Blüten getragen hatten? Rund um Weihnachten 1931 jedenfalls nahm sich Johanna Raudaschl ein Herz und sprach mit Baronin Maria Augusta von Trapp darüber, dass sie vorhatte, ihre Stellung als Köchin aufzugeben, um heimzukehren an den Attersee – und sich zu vermählen.

Über die genauen Umstände, wie meine Großmutter Johanna Raudaschl vermutlich bereits zu Beginn der 20er-Jahre ihren späteren Ehemann Johann Georg Hemetsberger kennengelernt hatte, hüllte sie sich zeitlebens in diskretes Schweigen. Vieles spricht jedoch dafür, dass sie dem angesehenen Erbhofbauern des bereits 1347 erstmals urkundlich erwähnten Niedermayrhofes und Besitzer des örtlichen Sägewerks schon in ihrer Lehrzeit beim Wiesinger zum ersten Mal begegnet war. Bevor sie sich aber binden wollte, war es ihr wichtig gewesen, noch vieles zu lernen und etwas von der Welt zu sehen, die freilich in ihrer Vorstellung gerade einmal so groß war wie das Salzkammergut. Auch wollte sie wohl ihren guten Vorsätzen treu bleiben, ihr Herz stets „in 8“ zu nehmen und sich nicht zu verlieben, ehe sie kochen konnte.

All ihre Träume, ihre Hoffnungen und Pläne hatten sich erfüllt. Trotz der schlechten Startbedingungen ins Leben war es ihr gelungen, etwas aus sich zu machen, Erfahrungen zu sammeln und einen Beruf zu erlernen, wie sie es sich immer gewünscht hatte. Die Monate im Hause Trapp waren ihr Meisterstück, zugleich Abschluss und krönender Höhepunkt ihrer Lehr- und Wanderjahre gewesen. Eine Zeit, die für immer ihre Spuren hinterlassen sollte. Nun aber war Johanna bereit, sich niederzulassen und an der Seite des Mannes, den sie liebte, ihr Leben neu zu gestalten. So traurig die Familie

Trapp darüber war, eine solche Perle zu verlieren und es allen leidtat um Johanna Raudaschls kulinarischen Einfallsreichtum, wollte man doch andererseits dem jungen Glück nicht im Wege stehen. Als Zeichen ihrer Dankbarkeit und Anerkennung fügte Baronin Maria Augusta von Trapp Johannas beachtlicher Rezeptsammlung schließlich sogar noch eines ihrer persönlichen Lieblingsgerichte hinzu, das der legendären „Knörpeltorte". Einer echten handwerklichen Herausforderung zwar, aber wenn sie gelang, ganz unvergleichlich aussehenden und vor allem vorzüglich schmeckenden Süßspeise.

Der Schnee lag in Salzburg zwei Meter hoch. Es sollte noch ein lang andauernder und kalter Winter werden, wie ihn selbst die ältesten Leute nicht kannten. Mit 2. Jänner 1932, einem frostig klaren Tag, entließ die Familie Trapp Johanna Raudaschl aus ihren Diensten. Die Baronin stellte ihr zum Abschied ein gutes Zeugnis aus und bescheinigte ihr, sie in jeder Hinsicht empfehlen zu können.

„Aigen, 2.I.1932

Ich bestätige hiermit, daß Johanna Raudaschl von 6.VI.1931 – 1.I.1932 bei mir als Köchin beschäftigt war. Sie kocht sehr gut einfache und feinere Küche, ist sehr geschickt, still und bescheiden und in jeder Hinsicht sehr zu empfehlen."

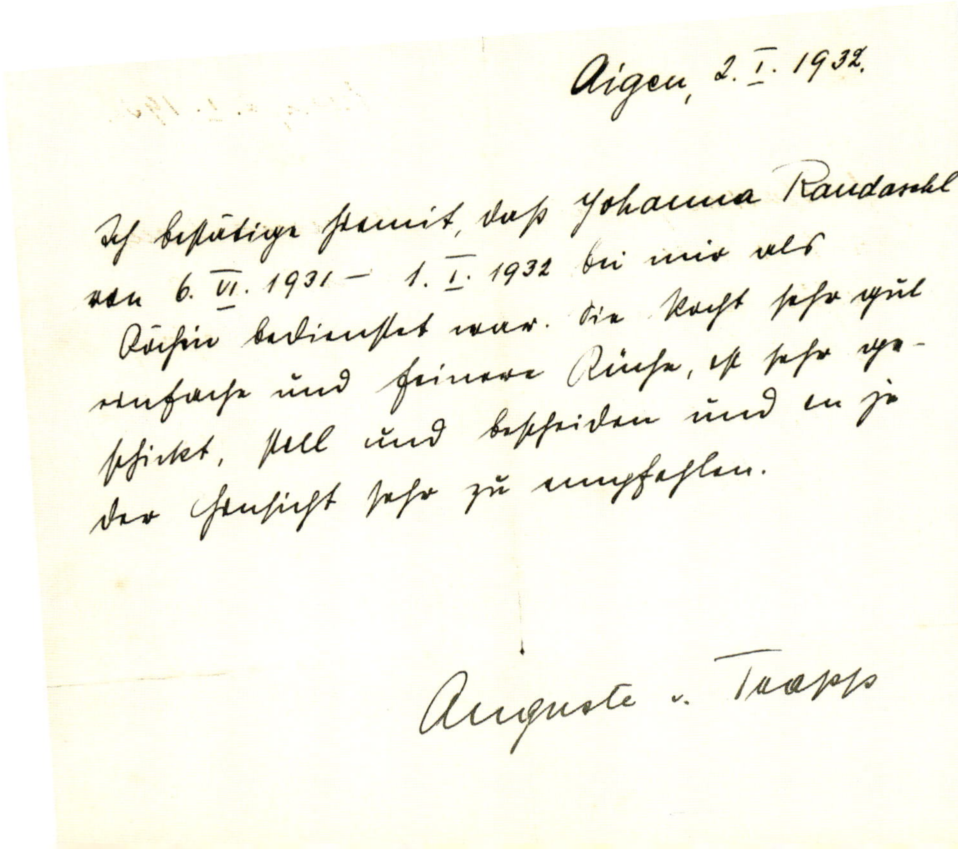

Aigen, 2. I. 1932.

Ich bestätige hiermit, daß Johanna Raudaschl von 6. VI. 1931 – 1. I. 1932 bei mir als Köchin bedienstet war. Sie kocht sehr gut einfache und feinere Küche, ist sehr geschickt, still und bescheiden und in jeder Hinsicht sehr zu empfehlen.

Auguste v. Trapp

Auch wünschten ihr alle für ihre Zukunft viel Glück und Gottes Segen. Das Glück und den Segen konnte Johanna gut gebrauchen. Das ausgezeichnete Dienstzeugnis und die Empfehlung freuten sie zwar, erfüllten aber ihre Bestimmung nicht mehr. Johanna wollte keine weiteren Stellungen mehr annehmen. Im Hinblick auf ihre künftige Aufgabe als Erbhofbäuerin belegte sie lediglich noch einen Meiereikurs, um sich auch mit jenen Tätigkeiten vertraut zu machen, die bislang nicht Teil ihrer Ausbildung gewesen waren. Dass ihr auch dabei die praktische Arbeit mehr lag als die Aneignung theoretischen Wissens, belegt ein Zeugnis, das Johanna Raudaschl in den Bereichen „Melken und Stallarbeit" sowie „Milchbehandlung und Hauswirtschaft" ein glattes „Vorzüglich", in Vieh- und Schweinezucht „nur" ein „Lobenswert" einbrachte.

So war Johanna nun also bestens gerüstet, um am 15. Mai 1933 Georg Hemetsberger in aller Form das Jawort zu geben. Frühaufsteherin, die sie von jeher war, fand die Hochzeit bereits kurz nach Sonnenaufgang um sechs Uhr morgens in der Pfarrkirche zu Nussdorf statt. Ein stimmungsvolles Fest, Johannas schönster Tag, auch wenn das manch einer vielleicht anders gesehen haben mag. Noch Jahre danach riss der Dorftratsch nicht ab, dass ER, einer der begehrtesten Junggesellen von Nussdorf, nicht eine der ihm ebenbürtigen Bauerntöchter geheiratet, sondern sich für eine „Zuagroaste", noch dazu ein lediges Kind, entschieden hatte. Der Johanna stand der Georg nicht zu, befand man, wo es doch im Ort andere Mädchen entsprechenden Alters gegeben hatte, die allesamt auf eine Verehelichung mit dem wohlhabenden Hemetsberger aus gewesen waren.

Aufrecht und selbstbewusst ging Johanna ihren Weg, so es ihr richtig erschien, zuweilen etwas abseits der dörflichen Konventionen. Auch in späteren Jahren war es nie ihr Bestreben gewesen, eine der traditionsreichen Goldhaubenfrauen zu werden, deren Hauben von Generation zu Generation, von Mutter zu Tochter, weitergereicht wurden und werden. Sie lebte ihr Leben auf ihre Weise und getreu dem Grundsatz, „den Willen Gottes zu erkennen und danach zu handeln." Gerade so, wie es ihr Baronin Maria Augusta von Trapp einst zum Abschied mitgegeben hatte.

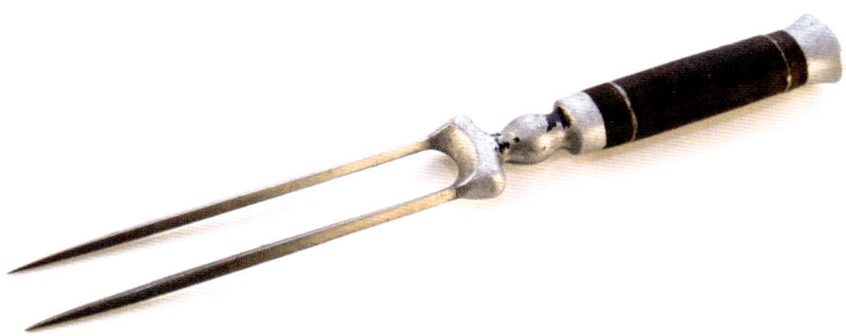

Knörpel

280 g	Mehl, glatt
½ TL	Backpulver
140 g	Staubzucker
4	Eidotter
1	Ei
1 EL	Rum
	Butterschmalz

Bindemasse

140 g	Mandeln, gehobelt
70 g	Zitronat, gewürfelt
70 g	Aranzini, gewürfelt
	Schale einer ½ Zitrone, in Zesten geschnitten
1 TL	Zimt
1 TL	Nelkenpulver
500 g	Kristallzucker
15 ml	Rosenwasser
150 ml	Wasser
1 TL	Rum

Knörpeltorte

(Rezept von Baronin Maria Augusta von Trapp)

Für die Knörpel aus Mehl, Backpulver, Zucker, Dotter, Ei und Rum einen festen Teig kneten. Auf einer bemehlten Unterlage bleistiftdicke Rollen formen und ca. 1 cm lange Stücke abschneiden. Diese in Butterschmalz in mehreren Lagen goldgelb herausbacken. Die Knörpel gehen beim Backen auf mehr als das Doppelte ihrer ursprünglichen Größe auf.

Knörpel mit dem Schaumlöffel herausnehmen und zum Abtropfen auf ein Küchenpapier legen.

Zucker, Rosenwasser, Wasser und Rum in einem großen Topf auf dem Herd erwärmen. Mandeln, Zitronat, Aranzini, Zitronenzesten, Zimt, Nelkenpulver und zuletzt die Knörpel dazumengen und gut warm werden lassen. Eine Unterlage mit Backtrennpapier belegen und Masse in die Ringförmchen pressen, mit einem Brett abdecken und mit einem Gewicht beschweren, kaltstellen und am nächsten Tag aus der Form lösen. Die Knörpeltörtchen sind mehrere Wochen haltbar.

Die Masse reicht für eine Torte oder zehn kleine Formen mit 8 cm Durchmesser.

Erinnerungen klingen nach

Die Verbindung bleibt bestehen

Auch nach ihrer Heirat blieb die Verbindung meiner Großmutter zu Baronin Maria Augusta von Trapp aufrecht. So musste sie erfahren, dass die Familie 1934, gerade als Johanna selbst ihren ersten Sohn Georg zur Welt gebracht hatte, durch den Konkurs der Lammerbank in Zell am See in eine große persönliche Krise gestürzt worden war. Alles Vermögen war von einem Tag zum anderen verloren gegangen. Die Angestellten, darunter auch Johannas Nachfolgerin als Köchin, mussten entlassen werden. Mit viel Gottvertrauen hatte man zunächst versucht, finanziell durch Zimmervermietung über die Runden zu kommen. Für Johanna ein schier unvorstellbarer Gedanke, dass die „Herrschaft" hinauf in die Dienstbotenräume, wo sie selbst einst gelebt hatte, gezogen war, während sie ihre eigenen Zimmer an Fremde vermieteten. Da konnte sie sich schon eher mit der Vorstellung anfreunden, dass der wunderbare Gesang der Kinder ihnen ihren künftigen Lebensunterhalt sichern sollte. Während der Kammerchor Trapp unter der Leitung des Hauskaplans Monsignore Dr. Franz Wasner, Erfolg um Erfolg feierte und unter anderem den ersten Preis des Volkssängerwettbewerbs der Salzburger Festspiele gewann, stellte sich bei Johanna weiterer ersehnter Nachwuchs ein: 1935 wurde Sohn Karl geboren, 1937 folgte eine Tochter, die wiederum Johanna heißen sollte, und schließlich, 1943, der jüngste Sohn, Manfred.

Als die Trapp-Familie 1938 Österreich auf der Flucht vor den Nazis verlassen musste und nach Amerika auswanderte, verlor sich eine Zeit lang der Kontakt. Vielleicht fragten sich die Trapps ja noch manchmal, was wohl aus der bescheidenen jungen Frau von damals geworden war? Wie sie die schweren Kriegszeiten hatte überstehen können? Tröstlich mag ihnen da der Gedanke gewesen sein, dass Johanna und ihre Lieben, ob ihrer Gabe, aus dem Wenigsten noch etwas zu machen, zumindest nie Hunger leiden hatten müssen.

Johanna ihrerseits verfolgte mit geradezu leidenschaftlichem Interesse auch in späteren Jahren die musikalische Karriere der bald weltberühmten Familie, las die Bücher der Maria Augusta von Trapp und hob alle Berichte auf, die über den Chor in den heimischen

Zeitungen standen. Eine Weile noch bekam sie jene Sammelbriefe zu lesen, die Baronin von Trapp regelmäßig an „Die lieben Freunde" in der alten Heimat schrieb und in denen sie diese am Familien- und Konzertleben teilhaben ließ. Betroffenheit löste naturgemäß die Nachricht vom Ableben des Barons im Mai 1947 aus. Doch auch Erfreuliches gab es zu vermelden, führten die Tourneen der nun sogenannten „Trapp Family Singers" diese doch in alle Welt – von Südamerika über Ozeanien bis nach Australien. Nach dem Zweiten Weltkrieg organisierte Maria Augusta von Trapp eine viel beachtete Hilfsaktion und sammelte im Anschluss an die Konzerte Kleidungsstücke und Nahrungsmittel. Zehntausende solcher CARE-Pakete konnte sie an Freunde und Verwandte nach Österreich schicken, wofür die Baronin unter anderem 1957 das „Goldene Ehrenzeichen für Verdienste um die Republik Österreich" sowie 1967 das „Österreichische Ehrenkreuz für Kunst und Wissenschaft 1. Klasse" erhielt.

1950 trat die singende Trapp-Familie bei den Festspielen in Salzburg auf und Johanna grämte sich doch einigermaßen darüber, dass es ihr in all den Jahren nie gelungen war, dieses oder auch nur eines der ungefähr 2.000 Konzerte je selbst zu besuchen, die der Chor gab, ehe er 1956 aufgelöst wurde. Andererseits war es IHR gegönnt gewesen, dessen Anfänge aus nächster Nähe mitzuerleben, und diese Erinnerungen an stimmungsvolle gemeinsame Hausmusikabende waren es, die unauslöschlich in ihr nachklangen.

Ihren Weihnachtsbrief 1977 widmete Maria Augusta in Bild und Text dem Andenken an ihren Mann, wenn sie schrieb: „Er war ja damals der berühmteste Marineheld Österreichs, der mit seinem winzigen U-Boot Unglaubliches vollbracht hat. Seine wahre Heldennatur hat sich aber dann in der zweiten Hälfte seines Lebens gezeigt, als er lieber mit seiner großen Familie auswanderte, als sich der falschen Philosophie Hitlers anzuschließen. Jetzt ruht er unter den Bäumen unseres kleinen Friedhofs hinter dem Haus. Aber von seiner himmlischen Kommandobrücke aus hat der Kapitän das Schifflein seiner Familie schon durch viele Stürme siegreich gelenkt und wird es – so hoffen wir – einst in den Hafen der Ewigkeit führen."

Immer schon war Johanna leidenschaftlich gern ins Kino gegangen. Kaum ein anderes Vergnügen hatte sie sich in ihrer Zeit in Salzburg gegönnt. So waren auch die letzten beiden Seiten ihres im Jahre 1931 geführten Notizbüchleins voll mit Lichtspielkritiken solcher Art wie: „Zentral Kino, ‚Die Förster Christl' – schön!", „Mirabell Kino, ‚3 lustige Musikanten' – lustig!" oder „Lifka, ‚Schwebende Jungfrau' – ein Lacherfolg!" Nicht auszudenken, dass 1956 mit der deutschen Produktion „Die Trapp-Familie" ein Film anlaufen sollte, an dessen zugrunde liegender wahrer Geschichte sie selbst einmal teilgehabt hatte. Auch zwei Jahre darauf, 1958, „Die Trapp-Familie in Amerika", mit Ruth Leuwerick, Hans Holt und Josef Meinrad in den Hauptrollen, ließ sie sich nicht entgehen. Das später folgende Musical „The Sound of Music"

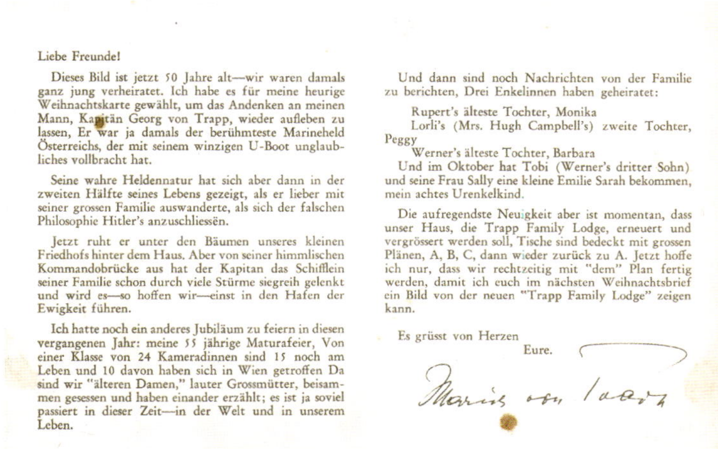

Liebe Freunde!

Dieses Bild ist jetzt 50 Jahre alt—wir waren damals ganz jung verheiratet. Ich habe es für meine heurige Weihnachtskarte gewählt, um das Andenken an meinen Mann, Kapitän Georg von Trapp, wieder aufleben zu lassen, Er war ja damals der berühmteste Marineheld Österreichs, der mit seinem winzigen U-Boot unglaubliches vollbracht hat.

Seine wahre Heldennatur hat sich aber dann in der zweiten Hälfte seines Lebens gezeigt, als er lieber mit seiner grossen Familie auswanderte, als sich der falschen Philosophie Hitler's anzuschliessën.

Jetzt ruht er unter den Bäumen unseres kleinen Friedhofs hinter dem Haus. Aber von seiner himmlischen Kommandobrücke aus hat der Kapitan das Schifflein seiner Familie schon durch viele Stürme siegreih gelenkt und wird es—so hoffen wir—einst in den Hafen der Ewigkeit führen.

Ich hatte noch ein anderes Jubiläum zu feiern in diesen vergangenen Jahr: meine 55 jährige Maturafeier, Von einer Klasse von 24 Kameradinnen sind 15 noch am Leben und 10 davon haben sich in Wien getroffen Da sind wir "älteren Damen," lauter Grossmütter, beisammen gesessen und haben einander erzählt; es ist ja soviel passiert in dieser Zeit—in der Welt und in unserem Leben.

Und dann sind noch Nachrichten von der Familie zu berichten, Drei Enkelinnen haben geheiratet:

Rupert's älteste Tochter, Monika
Lorli's (Mrs. Hugh Campbell's) zweite Tochter, Peggy
Werner's älteste Tochter, Barbara

Und im Oktober hat Tobi (Werner's dritter Sohn) und seine Frau Sally eine kleine Emilie Sarah bekommen, mein achtes Urenkelkind.

Die aufregendste Neuigkeit aber ist momentan, dass unser Haus, die Trapp Family Lodge, erneuert und vergrössert werden soll, Tische sind bedeckt mit grossen Plänen, A, B, C, dann wieder zurück zu A. Jetzt hoffe ich nur, dass wir rechtzeitig mit "dem" Plan fertig werden, damit ich euch im nächsten Weihnachtsbrief ein Bild von der neuen "Trapp Family Lodge" zeigen kann.

Es grüsst von Herzen
Eure.
Maria von Trapp

Maria und Georg Ritter von Trapp pflegten Freunden alljährlich mit einem gedruckten Weihnachtsbrief zu den Festtagen zu gratulieren.

und den gleichnamigen Hollywoodfilm dagegen kannte sie nur vom Hörensagen. So groß dessen Beliebtheit jahrelang im gesamten englischen und amerikanischen Raum auch gewesen sein mag und bis heute ist, in Salzburg war der Film mit Julie Andrews und Christopher Plummer 1965 schon nach nur wenigen Tagen wieder vom Spielplan genommen worden.

Erinnerungen klangen aber auch jenseits des Atlantiks nach, in Stowe, Vermont, wo sich die Trapp-Familie schließlich niedergelassen und die amerikanische Staatsbürgerschaft angenommen hatte. „Erinnerungen an die Heimat und der Wunsch, diese wiederzusehen", so hieß es berührend in einem Auszug eines aus dem Dezember 1964 stammenden Briefes der Maria Augusta von Trapp: „Als wir an der Autobahn außen an Salzburg vorbeifuhren und zum ersten Mal wieder die Festung und den Untersberg sahen, sind uns die Tränen gekommen […].

In Salzburg ist etwas Sonderbares passiert. Die Hollywood-Leute, die dabei waren, einen Film über die Trapp-Familie zu drehen, haben gerade in Salzburg Außenaufnahmen gemacht. Ganz flüchtig haben wir den Produzenten und den Hauptdarsteller kennengelernt, und als ich scherzhaft sagte, jetzt möchte ich am liebsten vor der Kamera über die Straße gehen, haben sie mich beim Wort genommen, und Barbara, Rosmarie und ich können im Film gesehen werden, wie wir über den Domplatz gehen. Was den Film angeht, gestehe ich, da ist mir nicht geheuer zumute. Ich habe immer auf alle möglichen Weisen versucht, mit den verantwortlichen Leuten zusammenzukommen, weil ich ihnen den Kapitän Trapp erklären wollte, der auf der Bühne nicht sehr gut dargestellt worden ist. Es war leider ausgeschlossen, sie sind einfach nicht an der Wahrheit interessiert. Sie wollen ihre eigene Version drehen, haben sie gesagt. Und jetzt zittern wir, was Hollywood aus der Trapp Familie machen wird."

Unbegründete Sorgen? In einem letzten dieser Sammelbriefe, der sich außer dem Sterbebildchen der Maria Augusta von Trapp aus dem Jahr 1987 noch im Nachlass meiner Großmutter fand, steht zu lesen: „Wie ihr vielleicht noch vom vorigen Jahr wisst, haben wir uns alle sehr gesorgt, was Hollywood mit uns in dem Film ‚The Sound of Music' wohl machen wird. Gott sei Dank waren alle unsere Ängste unnötig. Der Film ist ganz wunderschön geworden, besonders die Szenen, die aus einem Hubschrauber in der Nähe von Salzburg aufgenommen wurden, die herrliche Landschaft, die Almen mit den Frühlingsblumen [...]. Ich möchte hier betonen, dass wir überhaupt nichts mit dem Film zu tun gehabt haben, und daher von dem sehr dramatischen Schluss sehr überrascht waren. Aber sonst ist er wirklich wunderschön, hat einen ganz unglaublichen Publikumserfolg: Die Leute sehen ihn nicht einmal sondern viele Male an, bis zwanzig, dreißig, sogar fünfzig Male. Leider haben wir beim Abschluss des Vertrages keinen Rechtsanwalt gehabt [...]". Und Maria Augusta von Trapp schloss ihr Schreiben mit den Worten:

„Ein bisschen mehr Frieden und weniger Streit,
ein bisschen mehr Liebe und weniger Neid,
und viel mehr Blumen während des Lebens,
denn auf den Gräbern sind sie vergebens."

Caroline Kleibel und Irmgard Wöhrl wählen gemeinsam Zutaten für das Trapp-Kochbuch aus.

Spurensuche

Die Lebenserinnerungen der Johanna Raudaschl sind zum Teil erhalten in Form von Kalendereintragungen, Notizzetteln und Randbemerkungen zu den Rezepten in ihren Kochbüchern sowie in Korrespondenzen und fragmentarischen Aufzeichnungen, die sie in späteren Jahren noch auf Anraten ihrer Familie niederschrieb. Vieles aus ihrem Leben ist nur mündlich überliefert. Wiedergegeben insbesondere vom ältesten Sohn Georg Hemetsberger, der bis zum Tod der Mutter 1993 im gemeinsamen Haushalt mit ihr wohnte. Auch durch ihre Tochter Johanna Wiesinger, Irmgard Wöhrls Mutter, sowie durch den jüngsten Sohn Manfred Hemetsberger sind viele Erinnerungen erhalten geblieben.

Immer ergeben erst unterschiedliche Blickwinkel ein Gesamtbild, das sich der Realität annähert, nie aber deren perfektes Abbild sein kann. So liegt es wohl in deren Natur, dass Erinnerungen subjektiv geprägt, Erzählungen nie lückenlos sind. Es kann somit kein Anspruch darauf erhoben werden, dass sich alle hier beschriebenen Ereignisse genau so und nicht anders zugetragen haben. Zuweilen erschien es notwendig, im Hinblick auf einen geschlossenen Handlungsverlauf auf Grundlage zeitgeschichtlicher Quellen auch nur Vermutungen darüber anzustellen, wie es wohl gewesen sein mag. Fest steht jedenfalls, dass die Monate im Hause Trapp für Johanna Raudaschl, die nie zuvor so eine familiäre Verbundenheit erleben durfte, von besonderer Bedeutung waren. Auch wenn sie selbst für die Angehörigen der Familie Trapp – bei aller gebotenen Wertschätzung – nur eine Bedienstete von vielen gewesen war. Umso eindrucksvoller die lebhafte Unterstützung der Spurensuche durch Maria von Trapp, die sich in einem langen Gespräch von den detailgetreuen Schilderungen sehr berührt zeigte und vieles aus ihrer Sicht bestätigen konnte.

Es war faszinierend, diese beiden Familiengeschichten miteinander zu verflechten. Die Lebenslinien zweier starker Frauen – einer Johanna Raudaschl und einer zum Mythos hochstilisierten Baronin Maria Augusta von Trapp – an den belegten Stellen zu kreuzen, um sie dann jeweils wieder in so unterschiedliche Richtungen zu entlassen. Nichts ist schließlich spannender, als die Geschichten, die das Leben schreibt, aufzuzeichnen und zu bewahren.

Caroline Kleibel
(Journalistin und Biografin)

Nuss-Schnaps

Für fünf Liter Ansatz

60	grüne, halbierte Walnüsse (zur Sommersonnenwende gepflückt)
40 g	Zimtrinde, im Ganzen
40 g	Ingwerwurzel, in Scheiben
40 g	Nelken, ganz
40 g	Wermutkraut (Bitterer Beifuß)
40 g	Tausenguldenkraut
1	Vanillestange
300 g	Kandiszucker
20 g	Enzianwurzel
60 g	Kalmuswurzel
60 g	Sternanis
	Schnaps (Obstler oder Sliwowitz)
	Läuterzucker nach Bedarf

Alle Gewürze und Nüsse (mit Ausnahme des Läuterzuckers) in ein oder mehrere Gläser anteilig aufteilen und mit Schnaps übergießen. Die Gläser verschließen und etwa drei Monate an einem sonnigen Platz ziehen lassen. Danach durch einen Filter abseihen und mit Läuterzucker je nach Geschmack süßen. Noch ein paar Monate reifen lassen.

Für meine Großmutter war Nuss-Schnaps eine Medizin, die bei allen Magenverstimmungen, oft aber auch nur als angenehmer Abschluss eines guten Mahles gereicht wurde – zum Wohl!

Der Dank der Autorinnen gilt

Johanna Wiesinger
Georg Hemetsberger
Manfred Hemetsberger
Franz Leitner
Elfriede Mayrhofer
Therese und Wolfgang Kleibel
Heiner Kolbe
Ilse Ganahl †
Dorothea Rákóczy
Beate Haderer
Franz Wendl
Brigitte Gruber

und ganz besonders
Maria von Trapp

Umrechnungstabelle

Küchenmaße und Gewichte

1 Prise = ca. 1 g
1 Messerspitze (MSP) = ca. 2 g

1 gestr. Teelöffel (TL) =
2 g Zimt
3 g Paprikapulver oder Stärkemehl
5 g Fett, Öl, Salz oder Zucker
5 ccm Wasser

1 gestr. Esslöffel (EL) =
10 g Mehl oder Stärkemehl
10 g Staubzucker
12 g Fett oder Öl
15 g Salz oder Kristallzucker
15 ccm Wasser
1 Schuss entspricht etwa einem halben Schnapsglas Essig, Wein etc.
1 Pkg. Vanillezucker = 8 g
1 Pkg. Backpulver = 16 g

Flüssigkeitsmaße

1 cl (Zentiliter) = 0,01 l = 10 ccm
1 dl (Deziliter) = 0,1 l = 100 ccm
6 EL = 0,1 l = 100 ccm
8 EL = 0,125 l = 125 ccm

Lebensmittel-Erklärungen

Erdäpfel = Kartoffeln
Paradeiser = Tomaten
Powidl = gekochte Pflaume, Zwetschke
Ribisel = Johannisbeere (rot)

Empfohlene Portionsgrößen

Fleisch 150–200 g
Fisch 200–250 g (als Hauptgang)
Frischgemüse 150–250 g
Hülsenfrüchte/Obst 100–125 g
Erdäpfel 250–300 g
Reis 80–100 g (als Hauptgericht)
Suppe 0,25 l (Vorspeise), 0,5 l (Hauptgang)
Teigwaren 100–125 g (als Hauptgericht)

Rezeptverzeichnis

Vorspeisen, Suppen und Beilagen:

Hauptspeisen:

Süßspeisen:

Kochen ist Liebe

Irmgard Wöhrl
Irmgard Wöhrl wurde 1961 in Linz geboren. Sie ist seit dreißig Jahren in Salzburg erfolgreich im Bankwesen tätig. Als Enkelin von Johanna Raudaschl, die schon im Hause Trapp Köchin war, gilt Ihre Liebe neben dem Beruf aber vor allem dem Kochen und Backen.

Ebenfalls im Verlag Anton Pustet erschienen:

Doris Maier
FEINSPITZ IM SALZKAMMERGUT
the gourmet's Salzkammergut
deutsch/englisch
152 Seiten, 11.5 x 18 cm
EUR 18,-
ISBN 978-3-7025-0608-7

Helen Ploderer-King
FEINSPITZ IN SALZBURG
A taste of Salzburg
deutsch/englisch
120 Seiten, 11.5 x 18 cm
EUR 15,-
ISBN 978-3-7025-0557-8

Bildnachweis

Alle Bilder © Günther Pichlkostner (Wien), mit folgenden Ausnahmen:
Cover: Stockfood
Das historische Bildmaterial stammt aus dem privaten Archiv der Familie Leitner/Wiesinger/Wöhrl
13, 19: Mit freundlicher Genehmigung der Gemeinde Unterach
22, 76: Franz Wendl (Mondsee)
10, 108: Wolfgang Weinhäupl (Mondsee)
42: Reinhard Weidl (Berchtesgaden)
112: Sabine Bruckner
119: Foto Scheinast
Ambience-Fotos: Tanja Kühnel (Salzburg)

werden, lasse fein geschnittenen Zwiebel u. Knoblauch, darin anlaufen, gebe schwarzes geriebenes Brod, Lorbeerblätter Limonien Limonischäler Wasser u. etwas Essig samt dem Fisch hinein u. laß ihn eine Stunde kochen, wenn er gar ist, leg ihn in eine Schüssel auch die Soß mit Zucker noch eine Stunde ein kochen, dann eine, mit Butter bespritze u. über den Fisch

13. Frösche gut zubereiten.

Wasser die Frösche ab, salze sie, brenne in ein klein Butter mit Mehl und Petersillie ein, gib Erbsensuppe darein, seihe sie mit Wein sprudle einen Eidotter ab, gieß ihn über die Frösche Man kann sie auch absieden, wie einen Fisch u. in Butter, Limonisaft, Muskatblüh ausdünsten

14. Karpfen in schwarzer Soß.

Man salz den Karpfen ein, giesst Essig darein daß der Boden bedeckt ist dann schich darein auch Zwiebel Limonischalen, Lorbeerblätter, laß ihn gut dünsten laß einen Löffelvoll Zucker in Schmalz braun werden, thut etwas Mehl
[illegible]